JN068863

国内随一の路面電車王国の物語

広島電鉄の文化と魅力

工学博士 **大賀寿郎** 著

.....Contents

表紙
右中：鋼鉄製の2軸車400形　江本廣一撮影（1960年）
左中：市内線を走る宮島線1030形　江本廣一撮影（1962年）
下　：最初と最新の超低床車。ドイツ製5000形と国産5200形（2019年）
裏表紙
中：「軽快電車」3500形　田口博撮影
下：白島線の1000形と元京都市電1900形（2019年）

【広島電鉄沿線案内（1952年）】
電車・バスの路線が描かれている広島電鉄の沿線案内図で、大きな地図には広島市周辺に張り巡らされたバス幹線・支線が赤い線で描かれています。電車路線は、（広電）西広島〜電車宮島口の宮島電車だけが黒い線で示されていて、広島市内の電車・バス路線については、下部中央に別途描かれています。この当時は西側の国鉄の己斐（現・西広島）駅前で、本（市内）線と宮島線が連絡していました。（所蔵・文：生田誠）

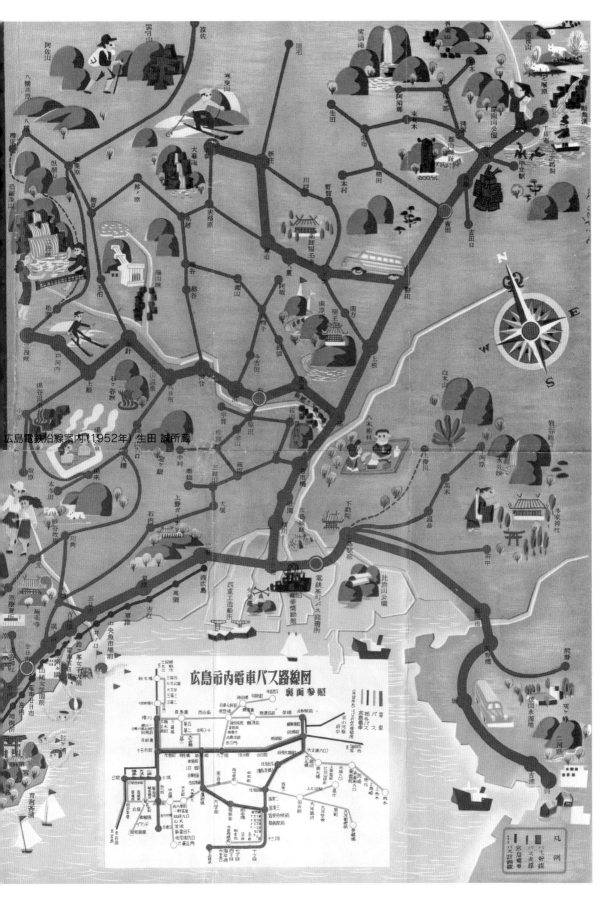

広島電鉄沿線案内（1952年）生田 誠所蔵

3

建設省地理調査所「1/10000地形図」

4

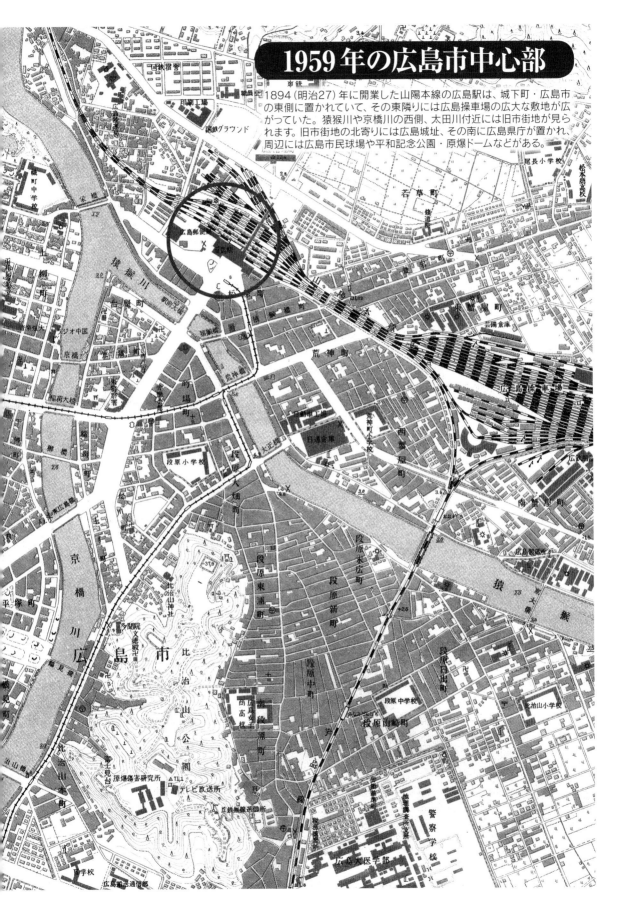

1959年の広島市中心部

1894（明治27）年に開業した山陽本線の広島駅は、城下町・広島市の東側に置かれていて、その東隣りには広島操車場の広大な敷地が広がっていた。猿猴川や京橋川の西側、太田川付近には旧市街地が見られます。旧市街地の北寄りには広島城址、その南に広島県庁が置かれ、周辺には広島市民球場や平和記念公園・原爆ドームなどがある。

1969年の広島駅周辺

国鉄広島駅の東側（写真右上）は広島客貨車区の跡地で、やがて山陽新幹線の広島駅用地として使われることになった。その左は国鉄中国支社と国鉄グラウンド、国鉄アパート等。操車場の右側は広島駅の貨物扱所を拡張して開業した東広島貨物駅である。1984年に広島操車場は使用停止され、1995年に跡地へ東広島駅が移転してJR貨物広島貨物ターミナル駅と改称した。東広島駅の移転跡地には2009年に広島市民球場（新広島市民球場、マツダスタジアム）が建設された。

朝日新聞社撮影

7

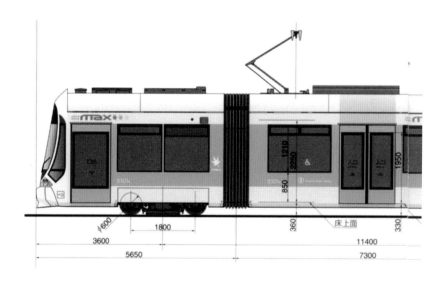

まえがき

　わが国は「電車王国」といわれます。世界最初に時速200キロを超えるスピードの鉄道を実用化し、高速鉄道が有用なことを世界に知らせた新幹線は最高性能の電車でした。また、日々の生活を支えるJR電車も世界有数の安定な輸送実績を誇っています。さらに、都会の足となっている大手私鉄は株式会社組織の営利会社ですが、会社組織で旅客輸送を行って利益を上げている鉄道は日本以外ではほとんど見られません。確かに日本は高速電車王国といえます。

　一方、都市の街路を走る路面電車も立派な電車ですが、この分野ではわが国より進んだシステムを運用している例が外国、特にヨーロッパに多数見られます。6車体、7車体という長大な「路面電車列車」に数百人の乗客を乗せ、たった1人の運転手がスムーズに運ぶ風景は、わが国ではあまり見られない町の風物になっています。

　実はこうした路面電車とわが国でおなじみの高速電車には、はっきりした境界があるわけではありません。20世紀前半の米国では、街中で路面を走って乗客を丁寧に集め、街外れから専用軌道に入ると時速100キロ以上で飛ばし、次の街ではまた路面に、という運行をしている電車が「インタアーバン」（都市間連絡電車）と呼ばれて一世を風靡していました。このときに使われた電車は典型的な路面電車スタイルでしたが、食堂車、展望車から寝台車まであI

ました。

　わが国でこうした運行をしている稀有な例として広島電鉄があげられます。時速100キロという高速度は出しませんが、広島の繁華街の路面で乗降客を集め、西広島からはユネスコ世界遺産に指定された安芸の宮島まで専用軌道を快走する3車体、5車体の長大な電車列車は独特の文化を形成しており、一度乗ると忘れられない魅力があります。

　広島電鉄にはこの他に、街中だけを走る「普通の」路面電車も多数走っています。いずれも市街に定着しており、「路面電車があることが街の魅力になっている」というヨーロッパ風の文化が色濃く感じられます。

　本書ではこうした「広島電鉄の文化と魅力」をやや詳細に観察してみようと思います。あなたが鉄道ファンでも、鉄道には詳しくない旅行愛好家でも、また広島在住の方でも、何か「ああ、そうなのか」と納得し、また「ああ、そうだよね」と共感していただくことができれば、筆者はとても光栄に思います。

　なお、本書では特別な例を除いて人名には敬称を略させていただきます。また、技術用語にはJIS（日本工業規格）の用語のルールを適用し、例えばモーターではなくモータと表記します。さらに、外国の言葉や名前はなるべく現地の発音に合わせ、例えばシーメンスではなくジーメンスと書きます。また特記のない写真、説明図は筆者の撮影または作図です。

第1章
広島電鉄の誕生

厳島神社の鳥居（現在工事中）

開通時のA車を模して1984年に復元、下回りは1925年製。　吉村光夫撮影

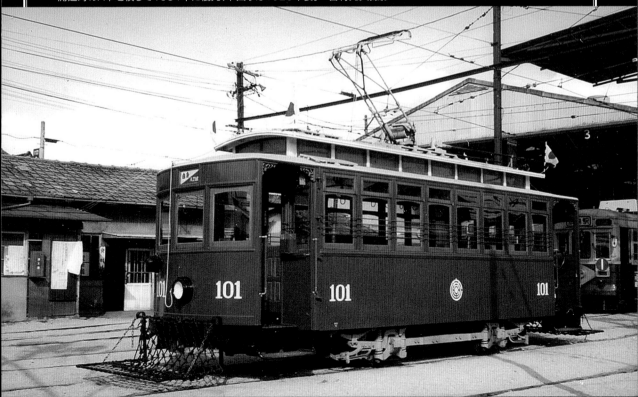

（1）広島の街と広島電鉄

　本書では、広島電鉄と広島市の文化と魅力を考えてみたいと思います。広島市は中国地方を代表する中核都市で。市街地は太田川デルタを中心にほぼ平坦な土地に発展しています。筆者は広島に住んだことはありませんが、仕事や観光で数年ごとに訪問しています。そのたびに感じるのは、「この町は意外に大都会なのだな」ということです。実際、広島市の人口は約120万人、近隣の岡山市（約72万）、山口市（約20万）、松山市（約51万、いずれも2019年現在）と比べて広島市の規模は抜きんでています。

　これを実感できるのが平日朝の広島駅前の通勤ラッシュです。広島電鉄のターミナル広島駅の朝、通勤客の長い

写真1-1　朝ラッシュの広電広島駅

列が市内線の長大な連接車に吸い込まれていく光景は東京や大阪の朝を思い出させます。通常の地方都市では通学ラッシュはあっても、こうした通勤ラッシュは少ないように思われます（写真1-1）。

　広島の名物は2つのユネスコ世界遺産「原爆ドームと安芸の宮島」といわれます。確かにいずれも一度は訪れておきたい場所ですが、現在の広島名物の筆頭はプロ野球チーム「広島東洋カープ」ではないでしょうか。

　もともとチーム、専属の球場いずれも市のスポンサーシップで出発した広島東洋カープは、今では行政とはほぼ独立の組織になっていますが、広島市民の支持は絶対のように見えます。ゲームのある日に見られる広島駅から「マツダZoom-Zoom スタジアム広島」まで約1キロにわたって赤いカープカラーのシャツを着たファンの列が連なるのは壮観です（写真1-2）（写真1-3）（写真1-4）。

写真1-2　広島東洋カープのリーグ優勝を祝うJR西日本のラッピング電車115系

写真1-3　2017年、広島東洋カープがリーグ優勝したときに広島駅に掲げられた巨大な旗とカープカラーのシャツのファン

写真1-4　広島東洋カープのリーグ優勝を祝う広島電鉄の花電車。歩道から職場から注目を浴びた。秋信龍二撮影

もう一つの広島名物は広島様式のお好み焼きでしょうかね。薄い生地に野菜や肉や麺をたっぷり載せて焼きあげるお好み焼きは広島の食文化に溶け込んでいます。他の都市では職場の昼食時には仲間うちで、「何を食べようか」という話が始まるのが通常ですが、広島では何の議論もなくみんなでお好み焼き屋に向かうようです。店によって味の特徴が異なり、地元の通人はなじみの店を決めています(写真1-5)。

一方、観光客には町の中心部に広大な敷地を占める庭園「縮景園」も見逃せません。江戸時代からの歴史を誇る名園ですが、特に晩秋の紅葉は大都市の中央とは思えない趣があります(写真1-6)。

写真1-5　お好み焼き。十日市町「みつ」。ここのお好み焼きはかた目に焼いた麺が特徴

写真1-6　縮景園の紅葉。中心街にある広大な庭園。晩秋の紅葉はぜひ一見を。

こうした数ある広島名物にぜひ加えたいのが広島電鉄、通称広電（ひろでん）の電車です。

広島電鉄はわが国最大のLRT（Light Rail Transit、路面電車を主体とする軽快で便利な電車システム）で、

－わが国のLRTで最大の車両数を擁すること、

－市内線のみならず宮島まで専用軌道を走る郊外電車線を擁すること

－郊外電車線の列車のすべてが市内線に直通し、目抜きの盛り場を通ること、

－車両が大型で、市内線では3車体連接車、郊外線直通列車では5車体連接車が多数走っていること、

など、進取の精神に富むサービスが特徴の電車なのです。

一方、経営が困難な時期に他の都市から導入した中古の電車もよく整備されて活躍し、鉄道ファンの間で動態保存博物館として人気が高いのも特筆されるべきでしょう。今では技術遺産として世界的に貴重といっても過言ではありません（図1-1）（表1-1）。

表1-1　広島駅から広電宮島口まで直通する
長距離電車の発車時刻表
（2019年、平日）
昼間15分間隔のJRに比べ本数が多く、待たずに乗れて便利

時間	発車
5	
6	22 39 54
7	05 15 24 32 41 48 56
8	04 11 16 25 31 37 43 50 58
9	07 15 21 28 35 45 52
10	00 06 13 21 28 36 44 53
11	00 08 17 26 35 44 53
12	03 10 19 29 37 46 55
13	04 13 22 31 40 49 58
14	07 16 25 34 43 52
15	01 11 19 28 37 46 55
16	04 13 22 32 41 49 57
17	05 11 18 25 32 39 46 53
18	00 07 14 23 31 40 49 58
19	07 16 25 35 45 54
20	04 14 24 34 44 54
21	04 14 23 34 45 56
22	08 22 35 48
23	01 13 26
0	

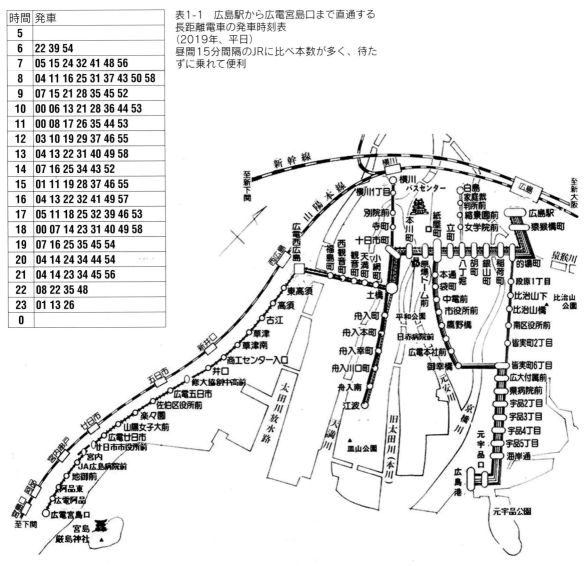

図1-1　広島電鉄の路線図

以下、本書ではまず広島市と広電の歴史から観察を始めることにしましょう。なお、広電は広島市内の路面電車線と西広島から広電宮島口に至る線区では適用される法律が異なるので、事務書類などでは前者を軌道線、後者を鉄道線と呼びますが、この名称は利用者にはわかりにくいので、本書では前者を市内線、後者を宮島線と区別することにいたします。

（2）戦前の「軍都」広島と廣島瓦斯電軌

　戦前の広島市は、軍隊と軍事施設を擁する「軍都」として知られていました。

　官設の東海道線の神戸から西を建設した私鉄「山陽鉄道」は、1894年に広島まで開通しました。

　この年に日清戦争が勃発しました。中国を支配していた清国が朝鮮を属国としていたのに対し、朝鮮の貿易相手としては日本が最大の比重を占めており、日本と清国との間での朝鮮の取り合いから起こった戦争といわれます。

　この戦争では当時の鉄道の終点だった広島が軍事拠点となり、作戦をすすめる大本営が設置され、明治天皇も広島に滞在しました。広島駅から軍

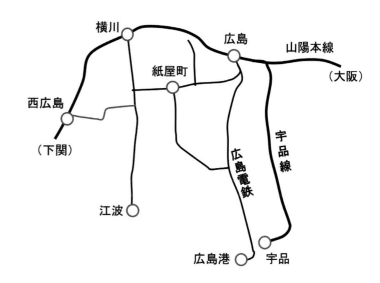

図2-1　広電市内線と国鉄宇品線。

港の役割を果たす宇品の港までは突貫工事で鉄道が建設されました（図2-1）。

　これを契機に広島は軍の拠点の置かれた「軍都」に、宇品港は「軍港」になり、1904年から勃発した日露戦争でも重要な役割を演じて、軍事色の強い地域となったのです。

写真2-1　開通の年に増備したB車（100形）。「広島の路面電車65年」（広島電鉄、1977年）

広島電鉄の市内線は「廣島電気軌道」が1912年に開通させたのが始まりでした。当時のわが国は電車開通ラッシュで、電車鉄道が次々に開通していました。

　最初に導入されたA車は他社と同じく木造の4輪単車でした。同じ年に同系のB車を導入しています（写真2-1）。その一部は大阪市電から購入したものでした。

　廣島電軌軌道は1917年に、同じ資本系列に属していた廣島瓦斯と合併して「廣島瓦斯（ガス）電軌」という兼業会社になりました。電車事業は夏に、ガス事業は冬に収益が多いのでバランスが良いという理由だったそうです。

　市内線はその後部分延長や線路の付け替えを繰り返しながら現在のネットワークを形成していきます。とくに、まだ道路が貧弱だった時代に、川の多い市内で線路を完成するため市内電車線用の橋が建設され、道路の整備とともに道路・軌道併用橋に代わっていく例がいくつかあったのは広島市の特徴でした。

　一方、宮島線は1922年に己斐（こい、現在の西広島）から漁港と市場のあった草津町（今の草津）までが

写真2-2　宮島線D車（1010形）。開通の翌年に導入。開通時のC車（1000形）と同型。「広島の路面電車65年」（広島電鉄、1977年）

部分開通し、1931年に電車宮島（現在の広電宮島口）までが全通しました。市内線とは別の郊外電車線で、電車は市内線より高いステップを持ち、各駅にはこれに合わせて高いホームが造られました

　しかし、宮島線は軌間（ゲージ、1435ミリ）と電気方式（直流600ボルト）が市内線と同じで、己斐の車庫の線路は市内線にもつながっており、両者の間で電車の回送ができたのが特徴で、これが後に大きな利点を発揮することになります（写真2-2）（写真2-3）。

写真2-3　パンタグラフ化された1010形。江本廣一撮影　1960年

1920年代後半なるとわが国の電車に鋼鉄製（実は車内の内壁は木製なので「半鋼製」）の電車が導入されます。広電もその仲間で、最初の鋼鉄製電車が1925年製だったのは先進的でした（写真2-4）（写真2-5）。

その後の広電は鋼鉄製車体の電車を活用するようになりました（写真2-6）（写真2-7）。

写真2-4　最初の鋼鉄製電車150形（1925年製）。「広島の路面電車65年」（広島電鉄、1977年）

写真2-5　更新された150形。広電標準型の窓の広い電車になっている。江本廣一撮影　1960年

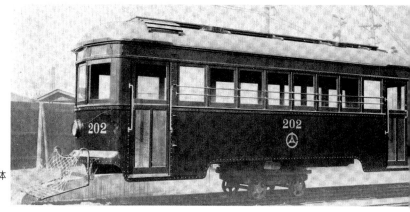

写真2-6　初期の鋼鉄製車200形の車体（1930年、車両会社にて新製時）日本車輌カタログ（1929年）

写真2-7　ビューゲルを搭載した200形。江本廣一撮影　1960年

　1930年には宮島線が脱皮します。新車1030形は鋼鉄製の車体で、またこれまでの直接制御に代わって間接総括制御が用いられて連結運転が可能になりました（写真2-8）。

　一方、1931年に満州事変が勃発、1932年に日本が傀儡（かいらい）国家「満州国」を建国させ、これを国際社会で糾弾されたため1933年に国際連盟を脱退、1937年に勃発した日華事変から中国と戦争状態になるなど、大陸との関係が風雲急を告げるようになると、広島の「軍都」の役割は重要性を増してきます。広電も増加する軍需工場の工具輸送のため江波線や比治山線を新設するなど対応に追われるようになりました。

写真2-8　宮島線最初の鋼鉄製電車1030形
保存版 広島のチンチン電車（郷土出版社）　1998年

　この頃から広電は積極的に鋼鉄製電車を新造し、また新造車体を用いて木造電車の鋼体化を進めます。ここで窓が広く洗練されたデザインの「広電型」が確立されました（写真2-9）（写真2-10）。

写真2-9　広窓の鋼鉄製車400形
1939年B車を鋼体化、明朗なスタイルが
評判になった。江本廣一撮影　1960年

写真2-10　広窓の鋼鉄製車450形。1939年A車を鋼体化、400形とともに明朗なスタイルが評判になった。
江本廣一撮影　1960年

　ここまで小型の4輪単車ばかりだった広電は、1938年に大阪市電から木造ボギー車を購入しました。しかしこの車両は1912年、元号が明治から大正に変わった年に製造された古典形。台車もマキシマム形と呼ばれる古風なもので、あまり活躍しませんでした(図2-2)。

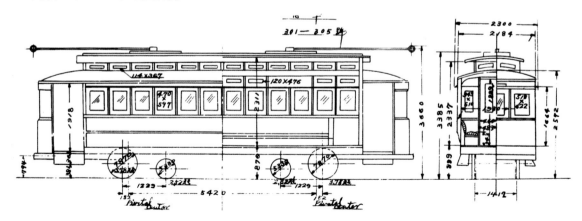

図2-2　木造ボギー車300形。1938年導入、元大坂市電1912年〜製。「広島の路面電車65年」(広島電鉄、1977年)

　一方、同じ1938年に東京の京王電軌から購入した1920年〜1926年製の木造ボギー車500形はずっと近代的な木造ボギー車で、その後重要な車両になります。この電車、京王時代の形式は23形で、広電のほか函館市電、大陸の新京(今の長春)市電などに移って長く使われた名車でした(写真2-11)。

写真2-11　木造ボギー車500形。1938年導入、元京王1920年～製。「広島の路面電車65年」（広島電鉄、1977年）

写真2-12　最初の新造ボギー車600形。乗客の増加に対応した広いドア。戦後まで生き延びたが比較的短命だった。
江本廣一撮影、1958年

戦火の拡大に伴って、広島の「軍都」の色彩はますます濃くなります。

1941年に広電を訪れた電車趣味の大先達の高松吉太郎(東京日本橋在住)は、1935年と1940年の「廣島市全圖」を比較して、後者では軍関係の施設の表示がすべて削除されて空き地と表示され、また裏面の名所案内からは広島駅、広島港、広島城などの写真と案内記が削られていると述べています。

高松はまた、200形を用いて行われていたビューゲルとパンタグラフのテストを見学しています。軌道線でのこれらの使用は当時極めて先進的でしたが、その理由はトロリーポールのスパークが敵の爆撃の目標になりやすいため、という「軍都」らしいものでした。

1941年のわが国海軍による米国ハワイの真珠湾軍港の奇襲より、わが国は世界の多くの国を敵に回した太平洋戦争を戦うことになります。国力のすべてを戦争に動員するため、社会は極めて不自由になりました。

戦争遂行のため国内産業が再編成され、1942年から電力やガスの事業は地域独占会社に集約されます。このとき廣島瓦斯電軌はガス事業を切り離して「広島電鉄」となりました。

この年、広電は初めてボギー車600形を新造します。この車両は当初から鋼鉄製でした。一部に原爆の被害があり、修理して戦後まで生き延びたのですが、1970年代早期に廃車になりました(写真2-12)。

その1942年、わが国は太平洋上のミッドウェー島攻略作戦で米国軍に完敗してからは敗色が濃くなり、滅亡への淵に転がり落ちていきます(写真2-13)。

1945年、300万人の死者を数え、国土を徹底的に破壊された「大日本帝国」は、連合国のポツダム宣言を無条件で受け入れて崩壊しました。最後のとどめとなったのが、広島(8月6日)と長崎(8月9日)に投下された原子爆弾の恐るべき被害でした。

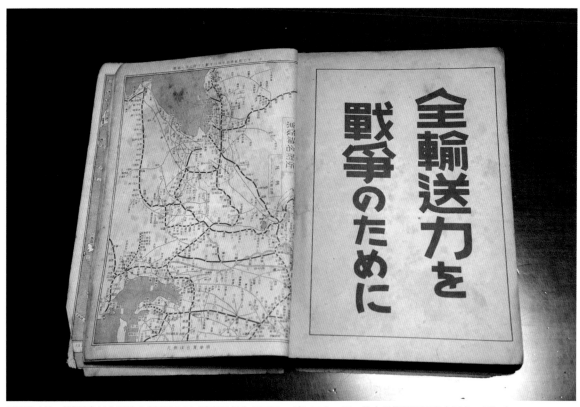

写真2-13 「時刻表」1942年12月号の扉。戦争最優先のスローガンによって一般人の旅行は不自由になっていた。
鉄道省編纂、東亜旅行社

第2章
広島電鉄の
受難と復活

原爆死没者慰霊碑から原爆ドームを望む。2019年12月撮影

（1）原爆による壊滅から平和都市へ、そして新技術

　1発の原爆が「軍都」広島を壊滅させました。当時の広島市の人口約35万の1/2 ～ 1/3がその日から4カ月以内に死亡し、また、周辺部や2次被爆も含めた被爆者の総数は56万といわれます。もちろん広島電鉄の市内線も甚大な被害を被って全滅しました（写真3-1）（写真3-2）。

写真3-1　戦前の広島県産業奨励館。この建物の至近で原爆が炸裂した。平和記念資料館絵葉書。

写真3-2　原爆ドームは被爆後の広島県産業奨励館。2019年12月撮影

　このときに被爆した電車の番号とその罹災場所はいくつかの書籍に掲載されています。ここでは被爆車両の種類と被害の模様を図にまとめました。大破、全壊、全焼した車両が多く厳粛な気持ちになります。それぞれで多数の乗客、乗務員が一瞬で命を奪われたのです（図3-1）。

　ここで少し冷静にこの図を読んでみましょう。

　際立った特徴は4輪単車（図の丸または四角）が多く、ボギー車（長丸または長四角）が少ないことです。鋼鉄製のボギー車（長四角）で在籍していたのは1942年製の600形、650形のみで、650形は4両全車が被爆しました。木造ボギー車（長丸）は桜土手引込線で休車状態だった300形と己斐車庫にあった500形です。東京都電や大阪市電では乗客の増加に対応するため早くからボギー車を導入していましたが、広電ではまだそれほどの輸送需要はなかったようです。

　いま一つの特徴は鋼鉄製（四角または長四角）の車輌が多いことです。当時の大都市の市電ではまだ木造車が多数走っていましたが、広島電鉄では大型化よりは鋼鉄車体化を優先していたように見えます。敵の爆撃を意識していた「軍都」ならではの方針と思われます。

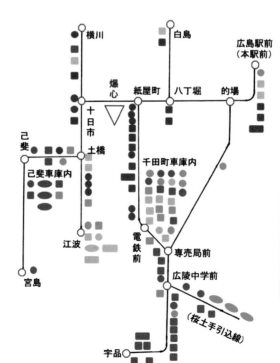

図3-1　原爆被爆状況
当時の他社に比べて鋼鉄製車が多く、ボギー車が少ない。

	小破	中破	大破	全焼全壊
木造二軸	●	●	●	●
鋼製二軸	■	■	■	■
木造ボギー	⬮	⬮	⬮	⬮
鋼製ボギー	▬	▬	▬	▬

滅亡した「大日本帝国」に代わって「日本国」が誕生し、わが国は新しい歴史を刻むことになりました。そのよりどころは根本的に改正された「日本国憲法」でした。

　この経緯は第一次世界大戦の敗戦国ドイツで1919年に施行された「ヴァイマル憲法」を思い出させます。当時先進的だった男女普通選挙による国民会議で制定された新憲法は、国民の参政権を保証し、また基本的人権を高らかに規定していました。「もう戦争はいやだ」という世界の人々の思いが込められていたのです。

　1946年に施行された「日本国憲法」にも、やはり過酷な戦争を体験した世界の人々の平和への願いが込められているように見えます。その前文にある、「われらは、全世界の国民が、ひとしく恐怖と欠乏から免かれ、平和のうちに生存する権利を有することを確認する」という文言からは、日本人のみでなく世界の人々の思いを読み取ることができるでしょう。

　そしてこの憲法のもと、広島は「軍都」から一転して、同じく被爆した長崎とともに平和と核兵器の廃絶を世界に呼びかける役割を担う都市になりました。広島市は毎年の原爆投下記念日に「平和宣言」を発信しており、被爆75年目、広島市が完全に復興して人口が4倍近くに増えた2020年の宣言でも、広島市長は、

　「核兵器廃絶とその先にある世界恒久平和の実現に向け、被爆地長崎、そして思いを同じくする世界の人々とともに力を尽くすことを誓います」とアピールしています。

　こうした広島市の不死鳥のような復興、発展に、広島電鉄も大きな貢献をしてきました。

　被爆直後から電車の運行再開の作業が始まりました。電気課の担当部署が全滅していたので車庫の職員や軍隊の電信兵が働いたと聞きます。被爆後最初の電車が3日後に走ったのは驚異的です。

　これには、広電に郊外電車の宮島線があり、己斐で線路が繋がっていたのが大きな利点となっていました。広電では戦災を予想して一部の市内線の車両を郊外に疎開させていたのです。被爆後最初に走ったのは疎開していた木造ボギー車500形でした。非常時の輸送には収容力の大きいボギー車が適当という判断があったようです。

　製造後3年目だった虎の子の鋼鉄製ボギー車650形は、4両全部が被爆してしまいましたが再生し「被爆電車」として知られるようになりました(写真3-3)。

写真3-3　「被爆電車」650形。この652号は宇品終点で被災したので小破で済んだ。江本廣一撮影　1958年

この電車は大切に運用されて今でも健在です。屋根上に冷房装置と補助電源用の静止型インバータ(SIV)を搭載し、集電装置をビューゲルからZパンタグラフに交換し、また正面に大型の行先表示器をつけた現代の姿で活躍しています(写真3-4)。

木造ボギー車500形は1948年に全車が鋼体化されて700形となりました。台車、モータ、台車など下回りは京王電車時代からのものの流用ですが、窓の広いすっきりしたスタイルは「戦後最初の新車」と歓迎されました(写真3-5)。

戦後最初の完全新車は1951年に導入された800形でした。基本設計は京都市電の800形を踏襲したといわれますが、多数が長く活躍した京都の800形とは異なりなぜか短命でした。ドアが両端にあり、また狭く、ワンマンカーへの改造が困難だったといわれますが、1両はワンマン化されています。不具合が多かったともいわれています(写真3-6)。

写真3-4 「被爆電車」650形は今も現役。2019年12月撮影 本川町

写真3-5 戦後最初の新車700形。下回りは500形の流用だったが復興のシンボルとされた。江本廣一撮影 1958年

写真3-6 戦後最初の完全新車800形。なぜか短命だった。1963年撮影

古い4輪単車も更新されます。窓の広いスマートな鋼鉄製車体の4輪単車は大都市では見られないもので、広島の名物となりました（写真3-7）。

　なお、「軍都」時代に軍需輸送でにぎわった国鉄宇品線は、戦後は通勤客などを運んでいましたが、西側に並行する広電に比べ列車本数の少ない非電化線のため閑散で、全国有数の赤字路線とされ、1972年に国鉄から離れました。その後は一部を除いて運送業者の専用線になり、1986年まで使われました。

　そして1950年代に入り、わが国の鉄道の世界にようやく新しい技術やサービスに関心を払う余裕ができ、また諸外国の情報が入ってくるようになって、電車でも脱皮が始まります。開拓される新技術のユーザとなったのは、地上設備の改良が思うように進まない中で輸送力増強、サービス改善を行わなければならなかった大手私鉄でした。

　新技術開拓の立役者となったのは、占領軍に飛行機の研究、実用化、設計、製造を禁止されて職を失った優秀な航空機技術者たちでした。おかげでわが国の鉄道と自動車の技術が長足の進歩を遂げることになります。

　我が国の電車の歴史で1954年は特別な年とされています。この年にわが国の電車の技術に革命的な変化が一気に起こったのでした。

　こうした電車の新技術の革新の起爆剤になったのは、米国で1936年に実用化され、「PCCカー」と呼ばれた

写真3-7　更新された150形。
1952年車体更新。
江本廣一撮影　1960年

写真3-8　米国のPCCカー。元トロント市電。この車両は後期型。大きさは最大級。
National Capital Trolley Museum　2010年撮影

写真3-9　東京地下鉄の新型電車300形（1954年）。ニューヨーク地下鉄の新車の技術をそのまま導入。大きな関心を呼んだ。
江本廣一撮影　1954年1月　小石川車庫

新型路面電車でした。これまでの電車の欠点を徹底的にチェックして改良を加えた高性能、軽量、流麗なデザインの電車は文字通り一世を風靡し、これをコピーした旧共産圏の標準型路面電車「タトラカー」も加えると全世界に30000両にのぼる数が製作され、世界の路面電車の姿を塗り替えてしまったのでした。歴史上もっとも成功した路面電車といわれるのはもっともです（写真3-8）。

　わが国でもPCCカーの名はよく知られ、戦後には新型電車の代名詞として使われるようになっていました。

　しかしわが国では「純正PCCカー」といえる電車は1954年に制作された東京都電の5501号ただ1両にとどまり、本格導入には至りませんでした。要因として、機構、運転技術いずれもこれまでのわが国の路面電車とあまりにも違いすぎ、現場から異論が出たことがあげられていますが、敗戦直後のわが国の経済力では価格が高過ぎたこと、支払いに使う米ドルが不足し、政府からの割り当てがもらえなかったことが大きな要因とも言えます。

　一方、米国の電車は高速電車の分野でも脱皮していました。PCCカーの技術がボストン、シカゴなどの地下鉄でも用いられたほか、ニューヨーク地下鉄ではPCCカーとは異なる技術の「新性能電車」が花開いていたのです。

　東京の地下鉄丸ノ内線（池袋〜御茶ノ水）が1954年1月に開通したとき、ニューヨーク地下鉄の新型電車の技術をコピーした車両が一気に30両導入され、鋭い加速、減速、極めて静かな走行、両開きのドアなどが日本の電車の世界に大きな衝撃を与えました（写真3-9）。

　その当時、日本の大手私鉄とメーカは協力して新技術の開拓に取り組んでいました。高価なライセンス料を払って外国の製品を買うのではなく、外国を参考にして独自の技術を開拓し、必要に応じて工作機械を外国から購入して必要な技術指導を受け、国内で生産するという姿勢が成功し、同じ1954年に、多彩な技術に彩られた「新性能電車」が阪

写真3-10　大阪市電の新型電車3001号（1953年）。後の3000号。わが国独自の技術も盛り込んだ「和製PCCカー」。大賀寿郎「路面電車発展史」（戒光祥出版、2016年）

26

神、東急、小田急、南海‥といった大手私鉄に次々に生まれたのです。まさに「1954年爆発」と呼びたい大変革でした。早くもこの年に、実績をまとめて中間結論とした新標準技術が「私鉄電車改善専門委員会」から勧告されます。

　こうした新しい技術は路面電車にも波及します。六大都市の路面電車組織が集まって作成した「無音電車規格統一研究会」の統一仕様に基づいて、東京都電、名古屋市電、大阪市電などには「和製PCCカー」と称する新型電車が生まれました。これらはいずれもオリジナルのPCCカーではなく、わが国の大手私鉄の新性能電車の技術を導入したもので、それぞれ成功をおさめました。

　一例として大阪市電が1953年に試作した「和製PCCカー」3001号（後の3000号）を見てみましょう。全金属製車体、高い加速・減速性能に対応したクロスシート、ゴムを用いた防音車輪、自動車に似た直角カルダン駆動はPCCカー

と同じですが、制御器やブレーキはPCCカーよりはわが国の大手私鉄の新性能電車に似ています（写真3-10）。

　広島電鉄もこうした流れに乗って1955年に「和製PCCカー」551号を市内線に導入しました。市内線で初めてパンタグラフを装備し（それ以前にテストした例はあったようですが）全金属製車体、間接制御、4個のモータ、中空軸平行カルダン駆動と、当時のわが国の私鉄電車の技術を革命的に変えた「新性能電車」と同じ仕様でした。

　しかし、残念ながらこうした全くの新機構は広電の現場では評価されませんでした。551号はその後、古い電車の使い勝手に合わせて直接制御、2個モータ、吊掛駆動、中古のブリル台車に改造されてしまいます（写真3-11）。

　続く552〜555号は当初から従来の旧型機構でしたが、全金属製車体、パンタグラフ、新型台車といった新技術は保持していました。

　550形は1983年に冷房装置を搭載し、また551号の台車を552号以降と同じものに再度交換しましたが、これは1977年に千田車庫の火災で廃車になった552号のものの再利用かもしれません（写真3-12）。

　その後、わが国の大手私鉄の高速電車は、急増する乗客に対応して新技術の実用化と新性能電車の大量生産にまい進していきます。

写真3-11　高性能の「和製PCCカー」だった551号（1955年）。後に旧型の機構に改造されてしまった。吉村光夫撮影

写真3-12　当初から旧機構で製造された552号以降。全金属製車体、パンタグラフ、新型台車は551号と同じだった。冷房装置搭載後の姿。1997年11月　江波

　これを見ていた国鉄は1957年に、私鉄電車改善専門委員会の勧告に近い技術を採用した新性能電車を東京の中央線に投入しました。さらに1958年にはこの技術による電車特急「こだま」が東海道本線にデビューします。そして1964年、こうした技術の集大成から、世界中を驚嘆させた超高速の電車「新幹線」が実用化されて成功したのでした。

　しかし、路面電車はそうした順調な発展はできませんでした。わが国の都市に「路面電車廃止論」が吹き荒れるようになったのです。路面電車各社は新技術の導入以前に、生き残りに腐心する時代がしばらく続きます。

（2）路面電車廃止論を撥ね返した広島電鉄

　1950年代から60年代にかけて、わが国は戦後の復興から高度成長へと突き進みます。広島市も人口が急増し、現代の都市の形を整えていきました。

　しかしこの時期、わが国の路面電車には厳しい逆風が吹き荒れます。大阪市電は1969年に全廃、神戸市電も1971年に全廃、東京都電は大部分が専用軌道だった荒川線以外を1972年に廃止、と、都市や大手私鉄の成長とは裏腹に急速な衰退がありました。

　この理由としては自動車、特に乗用車の急速な増加による路面電車の乗客の減少があげられています。確かに図4-1のように、数字を比べると路面電車と乗用車との交代があったように見えます。

　しかしこの図をよく見ると、乗用車の本格的な増加より前から路面電車の減少が始まっています。減少には何か他の要因があったのではないでしょうか。

　電車王国を謳歌し、わが国の電車のお手本となってきた米国の電車に視点を移してみましょう。まえがきで述べたように、米国の電車の全盛期は1910～20年代で、図4-2のように日本の路面電車の全盛期より20～30年先行して、日本よりはるかに大規模なネットワークができていました。図の縦軸が米国と日本で10倍違うのにご留意ください。この図には日本の私鉄高速電車が入っていないのでいささか不公平なのですが、傾向をつかむことはできます。

　米国の電車は1920年頃から急速に、劇的に衰退していきます。その理由は言うまでもな

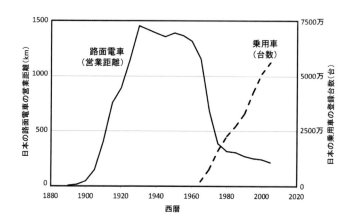

図4-1　わが国の乗用車の増加と路面電車の衰退
路面電車：服部重敬：「路面電車新時代 LRT化への軌跡」、山海堂（東京、2006）。乗用車：自動車検査登録情報協会ホームページのデータより作図

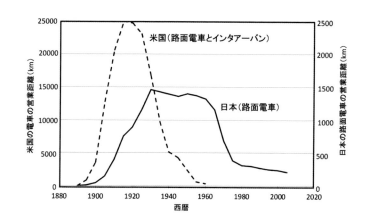

図4-2　米国と日本の電車の営業距離の推移
米国：George W. Hilton, John E. Gue:" The electric interurban railways in America", Stanford University Press, CA, 1960, p..186-187表

く自動車の爆発的な普及でした。なかでも米国でヘンリー・フォードの会社が1908年から発売した乗用車T型フォードは、徹底した大量生産により価格を大幅に下げ、また信頼性を上げて大ヒットし、1924年には累計生産数1000万台を突破しました。またバスが都市交通の手段として台頭したのもこの時期からで、電車よりも近代的な交通機関としてもてはやされました。電車の営業距離は自動車生産数が100万台を超えた1915年頃がピークで、その後急速に減少していくのです。

　恐慌による社会経済の縮小がこれに追い討ちをかけました。1914年に勃発した第一次世界大戦は本土が戦場にならなかった米国に好況をもたらし、株価が上昇して好景気に沸いたのですが、戦争終結後は需要の減少のため矛盾が蓄積しており、ついに1929年にニューヨークで株価の大暴落が発生し、爆発的、破滅的な不況をもたらしたのです。大量の失業者が発生し、社会は暗い雰囲気となりました。

　こうした逆風のため電鉄の衰退はさらに急激なものとなり、第二次世界大戦後の1950年頃には滅亡寸前の状態でした。

　戦後のわが国では米国社会への関心が異常に高くなっており「路面電車は時代遅れ」という米国の状況が全世界の趨勢と誤解されてしまって、「路面電車は自動車交通の邪魔だから先進国のように廃止せよ」という掛け声が高くなります。多くの都市で、これまで禁止されていた路面電車の線路への自動車の乗り入れが解禁され、走行の邪魔をさ

写真4-1　1970年代の西ドイツの路面電車。広く用いられたデュヴァグ社製の2車体連接車。カールスルーエ　1974年撮影

れた路面電車の速度が落ち、運行が乱れたのが乗客の減少、経営状態の悪化につながっていきました。自動車の増加による交通渋滞に悩まされていた警察サイドの意向もあったように見えます。

　このため、公営の営利事業だったわが国の大都市の路面電車はこの時期に次々に廃止されます。東京の銀座通りから都電が消えたのが1967年。そして前述のように大阪市電、神戸市電、東京都電の大部分が1972年までに全廃されたのでした。

　しかし実は、「路面電車の斜陽化」は全世界の趨勢ではありませんでした。

　欧州、特に当時の西ドイツでは、日本と同じように徹底的に破壊された都市の復興のための路面電車の改良が積極的に進められていました。その障害になったのが、車両の大部分が古風な4輪単車だったことでした。

　ここで、デュヴァグ社(デュッセルドルフ車輛製造会社)が、1950年代初頭から現代的なスタイルの14メートル級の大形ボギー車を実用化し、路面電車の輸送力を大幅に改善しました。同社はさらに複数の車体を貫通幌で連結した連接車を実用化して大成功を収め、ドイツの街では路面電車がむしろ拡充されます(写真4-1)。

　日本ではこうした「路面電車は時代遅れというのは世界の常識ではない」という事実が、残念ながら広く認識されていなかったのでした。

　しかしわが国でも、広島、長崎、松山、富山など、株式会社組織で運行されていた路面電車はやや異なる経過をたどりました。

　広島市でも自動車の増加を理由に、1963年に路面電車の線路への自動車の乗り入れが解禁されました。路面電車の運行は大幅に妨げられて不便になり、乗客が減り始めます。1968年には乗客数が解禁前に比べ12.4％減と深刻な事態になり、事業の採算が悪化し、路面電車の廃止が議論されるようになりました。

　しかし広電は「都市交通には路面電車が必要」という信念のもとに、全社をあげて種々の工夫と合理化で対処します。

　ここで他都市とは異なる順風が吹きました。広島市では自動車の軌道内乗り入れが1971年に禁止され、電車の運行が元通り自由になったのです。県警察が開明的で、西ドイツなど欧州諸国を調査し、路面電車の有用性を再認識したためといわれますが、広電サイドの努力の効果も大きかったと思われます。

　これに続いて市内全面駐車禁止、電車優先信号の設置、右折車対策などが行われた結果として路面電車の利便性が回復し、これをもとに他の都市でも路面電車の見直しが議論されるようになりました。

　赤字経営の続いていた広電は、おかげで1972年に黒字に転じました。

しかし、多数の新車を増備するにはまだ体力不足でした。

そこで広電は、他の路面電車線から中古の電車を次々に導入します。他の都市の路面電車が次々に廃止され、優秀な車両が多数廃棄されていたのが、広電には追い風になりました。

第1陣は1965年に導入した元大阪市電の電車で、戦前に製造されたやや古風な1段窓の元1601形が10両、戦中戦後に製造された2段窓の親しみやすいスタイルの元1651形、1801形が12両導入され、まとめて750形となりました。いずれも長さ13メートルの堂々たる大型電車でした。導入当初は大阪市電カラーのままで、車内にも元大阪市電という表示が掲げられました。塗装変更のコストを節約し、また市民や路面電車ファンに動態保存をアピールできたのは一石二鳥だったでしょう（写真4-2）（写真4-3）（写真4-4）（写真4-5）。

写真4-2　750形（元大阪市電の戦前形）。この車両は大阪市電色ではなく広告電車の塗装になっている。江本廣一撮影

写真4-3　750形（元大阪市電の戦中戦後形）。窓がやや広い新型。大阪のシンボルそのままの姿で多くが2015年まで活躍。

写真4-4　750形（元大阪市電の戦中戦後形）の現況。まだ一部が現役。イベントカーとなった車両もある。2019年12月撮影

写真4-5　前歴を明示した750形の車内表示。吉村光夫撮影

　大阪市電からの第2陣が1969年にやってきました。近代大阪の名物だったスマートな戦後型の14両が、やはりほぼそのままの姿で広島の街を走るようになったのです。

　第3章で述べたように、大阪市電では当時米国や欧州で広く用いられていた新型電車「PCCカー」に倣った最新技術の電車を1953に1両試作していました（3001号→3000号）。そしてこれの経験をもとに、わが国で使いやすい技術で設計し直した高性能の3001形が1956年から量産され、「無音電車」と呼ばれて親しまれました。長さは12メートル弱の中型で使いやすく、優れた加速、減速性能や静かな走行、そして時代を先取りしたスマートなスタイルで大阪の街のシンボルとなります。

　一方、大阪市電は同じ時期に、同じ形の車体を新製して使用中の旧型電車の台車や走行機器と組み合わせた準新車2601形を量産しました。こうして戦後の大阪市電の標準スタイルが形成されたのでした。

　広島に来たのはワンマン運転への対策工事を終えた元2601形の準新車でした。すぐにワンマンカーとして運行でき、また旧型電車と同じ機器を持つ車両の方が現場で使いやすいとの判断があったのでしょう（写真4-6）。

　この電車はその後、冷房装置と補助電源用の静止型インバータ（SIV）を搭載し、現在まで活躍することになります（写真4-7）。

写真4-6　900形（元大阪市電の戦後標準型）。大阪のシンボルそのままの姿で活躍を続けた。1980年代には正面にひし形の警告表示をつけていた。田口博撮影

写真4-7　900形の現在の姿。屋根上に冷房装置と補助電源用の静止型インバータ（SIV）を搭載し、行先表示器を大型化。2008年10月撮影

　続いて1971年、神戸市電の廃止の年に1100形、1150形、570形の3形式の電車が広電に導入され、いずれも元の形式番号のままで生き残って広島の街を走るようになりました。

　1100形は5両で、1954年から製造された12メートル級、近代神戸型のスマートな電車でしたが、ドアがやや狭くプリペイドカード機械に対応しにくいなどの理由で21世紀早々に淘汰されました。うち1両は神戸市に返還され、保存展示されています（写真4-8）。

写真4-8　1100形（元神戸市電戦後形）。神戸市電特有のおしゃれなスタイルだったが21世紀早期までに淘汰された。
吉村光夫撮影

　1150形は7両で、1100形と同じスマートなスタイルでしたが、実は大阪市電の3000シリーズと同じく新技術を取り入れた「和製PCCカー」で、1955年から作られました。しかし新型の機器が現場で不評で、故障も多いため稼働率が低く、1964年に大阪市電から譲り受けた旧車の部品に交換して1100形と同様の旧性能の電車に変わりました。

　これが広島に来ることになりました。広電ではやはり1100形と同じ時期に淘汰されました（写真4-9）。1156号がイベントカーの形で残っています。

　一方、570形は戦前の電車をルーツとする古典的な電車で、1959年頃に車体更新を受けていますが、上記の2種とは異

写真4-9　1150形（元神戸市電戦後形）。広告電車になっても素敵なスタイルだった。

なり、窓上の幕板が広い重厚なスタイルでした。ワンマンカー改造を受けた17両が広電に導入されます。冷房改造されたものが21世紀まで生き残りましたが、通算すると車齢90年の古豪となりました（写真4-10）（写真4-11）。

　1985年に廃車となった578号が米国サンフランシスコに送られ、動態保存されています（写真4-12）。

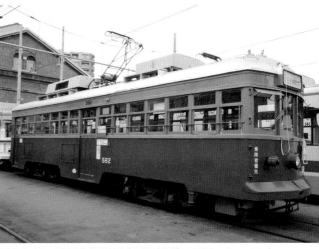

写真4-10　570形（元神戸市電更新形）。やや古風だが堂々たる存在感があった。1997年11月撮影

写真4-11　570形（元神戸市電更新形）の現況。ナンバの字体まで神戸市電のスタイルを残している。2019年12月撮影

写真4-12　サンフランシスコに送られた578号。米国において、イタリアの古典的な電車などとともに動態保存されている。吉村光夫撮影

　1977年には京都市電の廃止のタイミングで、900形15両が広島に来て1900形となりました。1950年代に製造された近代的なスタイルで、1980年から冷房装置が取り付けられ、またビューゲルがZパンタグラフに交換されて、21世紀になっても多くが活躍しています。

　この形式にはそれぞれの車両に京都に因んだ愛称が与えられ、正面と側面の中央ドアの隣に表示されたのが特徴となりました。愛称は一部を除き公募によるもので、約9000通の応募があったと聞きます（写真4-13）（写真4-14）（写真4-15）（表4-1）。

写真4-13　1900形（元京都市電900形）。1906号は全線廃止当日の最終便「さようなら京都市電」に使われた。愛称は「にしじん」。

写真4-14　1900形（元京都市電900形）。1908号の愛称は「あらし山」。

表4-1 1900形の愛称一覧

1901	東山
1902	桃山
1903	舞妓
1904	かも川
1905	比叡
1906	にしじん
1907	銀閣
1908	あらし山
1909	清水
1910	金閣
1911	祇園
1912	大文字
1913	嵯峨野
1914	平安
1915	鞍馬

　同じ1977年に、線区縮小で余剰になった西鉄北九州線の元500形の3両が広島に来ました。千田車庫の火災で車両が不足したため急遽導入されたということでした。1両が事故で廃車になり、残った2両は冷房化、大阪市電の台車に交換するなどの手直しを受けましたが、現場に不評で稼働率は低いようです。今でも602号が生き残っていますが、見かける機会は多くありません（写真4-16）（写真4-17）。

　こうした他の都市から導入された中古電車は機構的には古風なものですが、広電の力できっちりと整備されて長命を保っているのが大きな特徴です。例えば1900形はすでに京都時代より広島時代の方が長く、広電に定着した名

写真4-15　1900形（元京都市電900形）。1911号の愛称は「祇園」。

写真4-16　600形（元西鉄北九州線500形）。吉村光夫撮影

物となっています。

　一方、こうした古典的な電車の保存運行のために現場が力を注いでいるのは、我々乗客も知っておくべきでしょう。

　こうした旧型電車の動力装置、ブレーキ装置は、基本的に米国の1910年代の電車の技術を源流としたもので、わが国以外ではほぼ絶滅しています。広電は旧型電車の、世界的な「動態保存博物館」の役割を果たしているわけです。

　特に注目すべきは運転士の技術です。外国の路面電車は自動車のようにアクセル、ブレーキを単純に操作し、また運転士による運賃収受はしないのが一般的です。原始的な制御器とブレーキの操縦に蒸気機関車を思わせる名人芸を発揮し、また必要に応じて現金の取り扱いやICカードなどの世話まで行っている広電の運転士は、世界最高水準の激務をこなしているように見えます。広電の運転士は新型、旧型すべての電車を運転できるようにスキルを積んでいると聞きました。

　古い電車の整備保守にも関心を持つべきでしょう。こうした電車の技術は次第に衰退し、一般のメーカでは吊掛駆動の設計製造技術が消滅し始めていると聞きます。モータも同様で、1990年頃から交流モータが主流となって旧来の直流モータの部品の補給元が乏しくなっています。広電もこうした技術や部品の確保は大きな問題ととらえていると思います。

　筆者は、少年の頃の東京都電や東急玉川線と同じモータ音や揺れを楽しみながら、そうした現場の意欲や技術の継承への関心も忘れまいと考えております。

写真4-17　600形の現在の姿。走行する姿を見られたのは幸運だった。
2019年12月撮影

第3章
宮島線と市内線

定期直通運転の開始に使われた2000形の単行。ほどなく2両編成が使われるようになった。1963年3月撮影

楽々園付近の鉄橋を行く1050形。床の高い電車の最後の形式。海に近いので水面の上下が激しい。

（1）軽快な郊外電車、宮島線

　本書で宮島線と呼んでいる、広島市街の西広島から宮島口に至る距離16.1キロの鉄道線は、市内にネットワークをもつ路面電車線とは別の電車鉄道でした。

　この2つのターミナル駅は駅名がかなり多様に変遷しています。まずこれをたどりましょう。

　今の西広島駅に隣接するJR山陽本線の駅は、19世紀、国有化前の山陽鉄道の時代から「己斐」（こい）で、1912年に東側に設けられた広島市内線の終点もこの駅名でした。一方、1922年に設置された宮島線の起点駅は当初「己斐町」で、1931年に「西広島」と改称されました。国鉄が現在の駅名「西広島」に改称した1969年に、宮島線は「広電西広島（己斐）」とします。市内線が宮島線に合わせてこの名に改称したのは2001年でした。

　本書では簡単に西広島と呼ぶことにします。

　一方、山陽鉄道は宮島の対岸の駅を「宮島」としましたが、そのすぐ海側に1931年に設けられた広電の終点駅は「電車宮島」でした。国鉄は1942年に「宮島口」と改称しました。広電は1961年に「広電宮島」とし、21世紀になった2001年に現在の駅名「広電宮島口」に改称しました。

　本書では宮島口と略称します。

　わが国の国鉄や大手私鉄に見られるフルサイズの鉄道車両は、一般に長さ16〜20メートル、幅2.7〜2.8メートルの車両を使っています。これは小型車から始まったわが国の電車の大きさが1930〜40年頃に長距離列車の客車の大きさに追いついた結果で、歴史の古い郊外電車は最大でも長さ14メートル程度、幅2.4メートルくらいのサイズから出発していました。

　当初の電車鉄道では台車やモータには郊外電車、路面電車の区別は少なく、また床の高さはいずれもレール面から1メートル前後でした。しかし、路面からの乗降を考慮しない郊外電車ではドアのステップはたかだか1段で、駅にはそれに見合う高いプラットホームが設けられていました。

　その後、路面電車と郊外電車とは車両や施設の規模が区別できるようになっていきます。米国の路面電車では床の高さを80センチ前後とした「低床車」が実用化され、わが国の路面電車もこれを採用するようになりました。一方、郊外電車は高い床のままで車両の大型化が進むことになります。

写真5-1　1010形。戦後まで使われた木造車。ドアの位置が軌道線のように変更されている。江本廣一撮影

写真5-2　1020形。戦後まで使われた木造車。ヤグラ状の台に載ったパンタグラフは宮島線の電車の特徴だった。江本廣一撮影

　しかし、大阪地区の阪神電車、阪急宝塚線、東京地区の京王電車など一部の郊外電車では、戦後に至るまで初期のサイズの小型車両を使い続けてきました。乗客の激増に対応して国鉄電車と同等の大型に脱皮したのは戦後の1950〜60年代のことで、例えば、京王電車は1970年代からは長さ20メートルのフルサイズの電車が10両編成で疾駆するようになり、小型電車の時代は想像もできなくなりました。

　1922年に開業した広島電鉄の宮島線も車両や施設の規模は路面電車と大差なく、明確な相違はプラットホームの高さくらいでした。国鉄より広い1435ミリの軌間を採用したのは路面電車の規格を踏襲したものといえます。

　木造の車体、路面電車と同じ直接制御の電車は戦後まで生き残って使われてきました。しかし、集電装置はパンタグラフとなり、また新しい幅の広い電車に合わせてホーム縁を修正し、古い電車にはドアにステップを設けるなどの手直しがありました。小型の簡易なパンタグラフをヤグラ状の台に乗せた姿は宮島線の電車の特徴となっていました（写真5-1）（写真5-2）。

　1930年に製造された鋼鉄製の車体をもつ1030形は、また連結運転のできる間接総括制御器を搭載しており、その後の宮島線の電車の源流となりました。この電車は1952年に車体を延長され、14メートルクラス、明朗な二段窓の中型電車になります。正面上の左右の通風孔が特徴です（写真5-3）（図5-1）。

写真5-3　1030形。1930年の製造だが1952年に車体を延長された。吉村光夫撮影

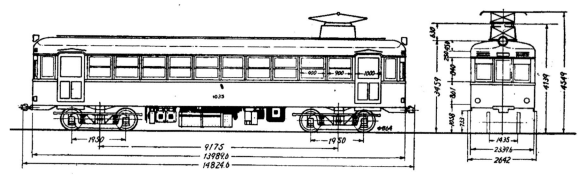

図5-1　1030形。車体長約14メートル、車体幅約2.4メートル、床高さ約1メートルは当時の小型電車の標準的なサイズ。国立公文書館所蔵

　1938年11月に市内線の千田（当時は千田町）車庫で火災があり、多くの電車が焼失しました。このとき宮島線の木造車D車、E車が入庫しており、車体は全焼してしまいました。

　鋼鉄製の車体を新造してこれらを復旧したのが2両の1040形で、長さ11.6メートルの短い車体ながら、混雑に対応して車体中央に設けられた広いドア、当時流行の流線型など、なかなか意欲的な車輌になりました。やはり正面上部に通風孔があり、また当初はすだれ型のカーテンを備えて貴賓車になったこともあったと聞きます。1952年に中央ドアの幅を縮小するなどの改装を施されました（写真5-4）（図5-2）

　さらに1957年に2両をまとめて長さ約21メートルの2車体連接車に改造されました。その後多数が生まれる広電の連接車の最初の例でした（写真5-5）。

写真5-4　1040形。火災で焼失して鋼体化され、生まれ変わった当初の姿。短い流線型の車体に広い中央ドアが個性的。宮島線はまだトロリーポールだった。「広島の路面電車65年」（広島電鉄、1977年）

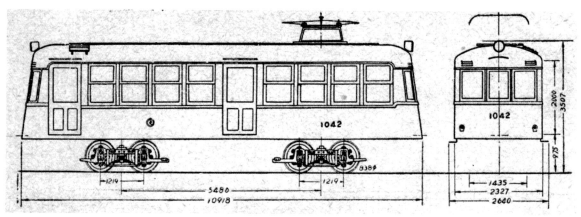

図5-2　1040形（1952年改造後）。ドアを縮小、パンタグラフを載せている。国立公文書館所蔵

写真5-5 1040形（1957年2車体連接車化）。広電最初の連接車。広い窓が印象的。田尻 弘行撮影 1962年

　終戦直後、まだ資材不足で新車の製造が思うようにならなかった時期、当時の運輸省は大手私鉄に新車製造を認める代わりに手持ちの車両を地方私鉄へ供出させるという施策を実施します。広電電鉄ではこれを利用して、1947年に京阪電鉄から4両の木造電車を譲受け、宮島線に入線させました。この電車は1923年製、長さ約14メートル、幅約2.3メートルの小型電車でしたが、ある時期の京阪を代表する人気車両でした（図5-3）。

　この電車が1953年に新しい全金属製の車体を与えられ、宮島線のクイーンになります。長さ14メートル、幅2.45メートルと大手私鉄の電車に比べ小柄ながら、現代的にスマートな車体をもち。伝統の正面の通風孔も備え、パンタグラフのヤグラはなくすっきりした姿でした。後のドアが路面電車のように車掌台とともに中央寄りに設けられていたのがなかなか新鮮で、それ以後このドア配置が宮島線の電車の特徴になります（写真5-5）（図5-4）。

　1979年に1053、1054は片運転台、2両連結化され、同時に台車交換、正面の通風器を撤去して大型方向幕を取り付けるなどの改良を施されました（写真5-7）。

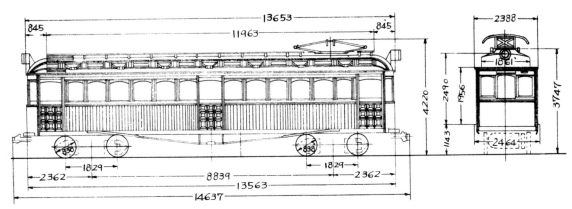

図5-3 1050形の原型（元京阪電車の木造車200形）。国立公文書館所蔵

写真5-6　1050形　鋼体化後（1953年）。元京阪電車の木造車を鋼体化したスマートな電車。後ろのドアを路面電車のように車掌台とともに中央部に設けたのが特徴だった。髙井薫平撮影　1962年

写真5-7　1050形（更新後）。元・京阪のホ造車を銅体化したスマートな電車。片運転台、2両連結化、正面の通風窓を撤去、台車交換などのマイナチェンジがあった。田口博撮影

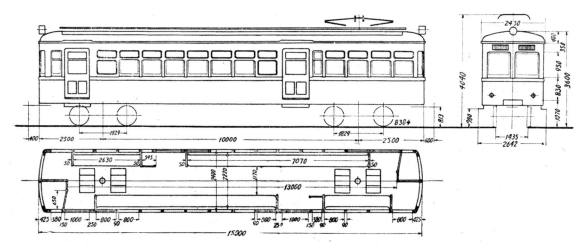

図5-4　1050形 鋼体化後。国立公文書館所蔵

　そして第3章で述べたように、戦後の混乱も収まった1954年から、わが国の電車の世界では全く新しい台車、モータ、ブレーキを持つ「新性能電車」が地下鉄、大手私鉄に導入されて大きな変革をもたらしました。電鉄会社とメーカのグループがいろいろの試行錯誤を行い、中間結論となった新技術が私鉄電車改善専門委員会から勧告されます。

　広島電鉄もすでに1955年に、新技術を用いた電車を市内線に導入していましたが、宮島線にも1957年に新性能電車1060形を導入しました。コイルばねとオイルダンパを併用した新型台車、中空軸平行カルダン駆動、多段式の制御器、電気空気併用ブレーキは当時最新の技術でした（アネックスに解説）。車体は1050形と同型でしたが、車体幅が約2.6メートルと広く、ドアのステップは不要となりました。

　この電車は静かで線路の負担も少なく好評で、これを用いて市内線に直通し、広島駅に至る運用が検討されました。しかし市内線の電車に比べて大型で重いため地上施設、特に橋の強化が必要なことがわかり、直通運転には市内電車スタイルの車両を用いることになったので、この電車は1両のみにとどまりました（写真5-8）。

写真5-8　1060形（1957年）。1954年以降にわが国に普及した新性能電車の一員。清潔な外観、当時最新技術の台車と動力装置。ただ1両に終わったのが残念

写真5-9 1070形は2両編成（1967年）。阪急宝塚線で知られていた全鋼製車体の電車。広電で後ろのドアを中央部に移設したのが特徴となった。1988年撮影

写真5-10 1070形の原型、元阪急500形。能勢電鉄に移籍した車両。ほぼ原形のままで使われた。1971年撮影

写真5-11 1080形、元阪急210形（1977年）。電動貨車上がりの小型電車。阪急では支線で使われていた。田口博撮影

1960年代から1970年にかけて、大手私鉄の程度の良い中古電車を宮島線に導入するチャンスが巡ってきました。

　この頃、第4章で述べたように大阪、京都、神戸などの市電が次々に廃止され、用途のなくなった程度の良い電車が広島市内線に導入されました。宮島線にも同様の機会が訪れたのです。こちらの要因は廃止ではなく、大手私鉄の車両の大型化でした。

　大手私鉄では乗客の増加とともに車両の大型化、長編成化による輸送力増強に積極的に取り組みましたが、開通が古い東京地区の京王電車、大阪地区の阪急宝塚線、阪神電車などでは地上設備の制約があり、長さ14メートル程度、幅2.4メートルくらいの小型電車がそのまま使われてきました。これらが1960年代以降の乗客の急増に対応して地上設備を改良され、次々に大型車両化、長編成化されたのです。

　広電の宮島線に導入されたのは阪急宝塚線で使われていた小型電車でしたが、これは車内の壁まですべて鋼鉄製の「全鋼製」車体を持っていたのが大きな特徴でした。阪急電車では1925年に試作した最初の全鋼製電車が巻き込まれた衝突事故での経験から、その後のほとんどの電車を頑丈で安全性の高い全鋼製としていたのです。ちなみに、国鉄電車が半鋼製から脱却して「全金属製」の電車を導入したのは1950年、阪急の25年後のことになります。

　こうした多数の優秀な電車が車両の大型化のため余剰となり、その一部が広電に移籍したのです。1967年に入線した1070形は1938年から宝塚線の代表車となっていた500形でした。入線に当たり2両単位の編成を組み、ドアの位置を1050形、1060形に準じて変更したのが興味深いところです。正面に貫通幌を撤去したあとの扉があったのが従来の広電タイプとは異なる味でした（写真5-9）（写真5-10）。

　1977年には同じ阪急嵐山線で使われていた小型電車210形の2両が入線し、1080形となりました。この電車は車両が不足していた1956年に電動貨車を旅客用に改造したもののため小型で、大型電車が主流だった京都線のなかでは当初から目立たない存在だったようです。しかしスタイルは完全な近代阪急形で、非貫通の正面は広電になじんでいました（写真5-11）。

　1982年にデビューした1090形は、実は1050形を改装したものでしたので、全金属製車体ながらそのルーツは京阪電車の木造車にまでさかのぼるものでした。2両編成化、制御器の改造、台車の交換（中古の旧型でしたが）モータの出力増強などの体質改善を施されましたが、外観の大きな変化をもたらしたのは冷房装置の搭載でした（写真5-12）。

　宮島線の床の高い小型電車の歴史はこれで終わりとなります。その後、第6章で述べるように宮島線は大型電車に交代した京王電車や阪急宝塚線とは異なる歴史を刻むことになりました。それは路面電車スタイルの電車による市内線からの直通運行です。

写真5-12　1090形（1982年、元1050形）。これが宮島線の床の高い電車の最後の形式となった。田口博撮影

（2）直通運転は大成功

　市内線と宮島遷都が直通運転を始めるにあたって大きな動きが見られたのは、車両もさることながら接続駅の西広島駅の施設でした。

　市内の路面線から郊外線への直通運行には先例がありました。高知県の土佐電鉄は1954年に高知市内の路面電車線と郊外の安芸線の間の直通運転を開始し、1974年に安芸線が廃止されるまで続けました。直通先の安芸線は約26キロで広電宮島線より約10キロ長く、使われた車両は完全な路面電車スタイルの13メートル車でしたが、間接総括制御器を装備し、最盛期には3両編成の列車も走りました。

　広電の市内線と宮島線との直通運転はこれにやや遅れましたが、多くの乗客に支持されて成功し、現在まで隆盛を続けているのが特筆されます。

　興味深いのは、この直通運行の発展に応じて結節点となる市内線己斐と宮島線西広島の駅の線路配置が目まぐるしく変化したことでした。

　この2つの駅は実質的に同一の駅ですが、直通運行以前は独立していました、乗客は低いホームの市内線駅と高いホームの宮島線駅との間を歩いていました（図6-1）。

　ここには宮島線の己斐車庫が併設されており、ここで線路が市内線とつながっていたのが戦時中に重要な効用を発揮したのは第3章で述べたとおりです。原爆被災の3日後に市内線に電車が走ったのはこの線路のおかげでした。

　直通運行が始まったのは1958年で、最初は臨時の貸切電車、続いて朝ラッシュ時の列車、そして夏の海水浴客のための列車と続くようになります。車輌は市内線の551号と850形（後の350形）で、宮島線では市内線より高速度で走行するため強力なモータと間接制御器をもつ車両が使われました。まだ市内線の車両に対応する宮島線の駅への低いホームの設置が完了しておらず、未成の駅は通過したので乗客からは急行に見えました。

　その後、己斐／西広島駅では何回か線路変更がありましたが、大きな変更の契機は隣接する道路の拡幅に対応して車庫が荒手車庫（宮島線の商工センター入口付近）に移転集約されたことでした。

　1960年には市内線と宮島線の駅がほぼ連続となります。しかし直通する列車は上り、下りいずれも同一のホームを使うので制約がありました（図6-2）。

　この条件下で、宮島線の全駅に低いホームが完備した1961年から本格的な直通運行が始まります。車両は市内線の2000形で、直通に対応した間接総括制御器をもち、電気ブレーキを常用する2両編成が主流となりました。これに連接車2500形が加わります。

　なお、図にある「広電会館」は1964年に開業し

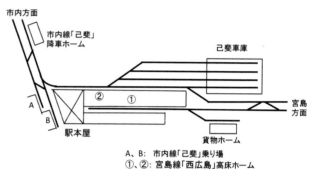

図6-1　己斐/西広島駅の配置（1957年以前）。宮島線の車庫の線路は市内線につながっていた。

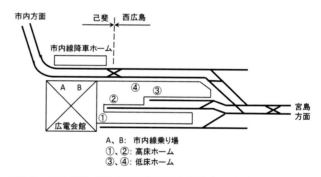

図6-2　己斐/西広島駅の配置（1960年線路変更以降）。宮島線の車庫の移転に伴い変更。直通電車は上り下りいずれも④番線を使っており不便だった。

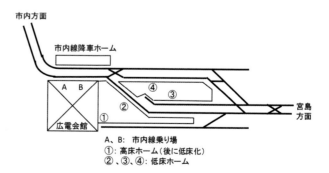

図6-3　己斐/西広島駅の配置（1989年以降）。完全に直通電車が優先となった。

た「ショッピングセンターひろでん」を中核とするターミナルデパートでした。これは建物の耐震性が不足するため2018年に閉館し、解体されています。その跡地などを利用して、紙屋町に近い本通からJR新白島駅を経て山の手の住宅地に至っている新交通システム「アストラムライン」を延伸してここに導入し、JR、広電を統合した「西広島総合駅」とする計画が具体化しています。

1989年には西広島駅の線路配置が大幅に変化し、完全に直通車優先になりました。これを追ってすべてのホームが市内線形の低床車に対応する低いホームになります（図6-3）。

1991年に宮島線専用の床の高い電車がすべて引退し、宮島線も市内線と同じく路面電車スタイルの車両のみとなって、宮島線のほとんどの列車が市内線直通となりました。

2001年からは西広島駅のホームの拡大に伴い市内線専用の別ホームが消滅しました。結果としてホームの数が多く、朝夕だけ使用、臨時使用というホームもできています（図6-4）。

今ではすでに床の高い電車が消滅してから30年に近い年月が経ちましたが、実はいくつかの途中駅にまだ高いホームが残っています。あっても邪魔にならないし撤去するにはそれなりにお金がかかる、という事情なのでしょうかね（写真6-1）。

次に、初期の直通運行に使われた電車を概観しましょう。

直通運行に用いる車両はそのための監督官庁の認可が必要です。最初にこの認可を受けたのは1955年に製造された550形でした。この電車は第7章で述べるように最初の551号が間接制御、4個モータ、中空軸平行カルダン駆動の高性能車だったこと（後に旧機構に改造されてしまいますが）、市内線で初めてパンタグラフ使用など話題になった電車で、実際に直通運行に用いられたようです。

初期の直通用電車として知られているのは1958年に3両が製造された850形でした。この電車は従来型の2モータ吊掛駆動ながら、大出力のモータと間接制御器を与えられ、初

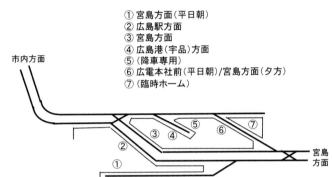

① 宮島方面（平日朝）
② 広島駅方面
③ 宮島方面
④ 広島港（宇品）方面
⑤（降車専用）
⑥ 広電本社前（平日朝）/宮島方面（夕方）
⑦（臨時ホーム）

図6-4　西広島駅の配置（2001年以降）。市内線専用の駅は消滅した。

写真6-1　低いホームと、まだ残っている昔の高いホーム。2017年9月撮影　地御前

写真6-2　初期の直通運行認可車350形。吉村光夫撮影

写真6-3　350形の最近の姿。冷房装置と静止型インバータ（SIV）が装着され、方向幕が拡大されている。2019年12月撮影　千田車庫

期の直通運行に用いられましたが、ブレーキが高速運転に不向きということで、350形と改番されて市内線専用になります。今でも市内線の旧型電車で唯一の間接制御車として健在です（写真6-2）（写真6-3）。

1960年から4年間に9両がつくられた2000形は本格的に直通運行をねらった設計で、外観は850形に似ていましたが4つのモータを持つ高速運転仕様でした。1962年から直通運行に使われます。当初は単行でしたが、その後2002～2009号が2両編成4本に組まれて直通車のシンボルとなり、ICカードへの対応に関連して引退するまで使われました。2001号のみ単行のままで、後に事業用車となります（写真6-4）（写真6-5）（写真6-6）（写真6-7）（写真6-8）。

写真6-4　2000形2001号。この車両のみ単行のままで、後に事業用車になった。吉村光夫撮影

写真6-5　2000形2002号。直通用車だが、当初は市内線カラーだった。江本廣一撮影　1960年12月

写真6-6　2000形の2両固定編成。直通運転に活躍した。吉村光夫撮影

写真6-7　2000形の冷房改造後、屋根上に冷房装置と静止形インベータ（SIV）が装備された。田口博撮影

写真6-8　2000形の連結部。工場以外での分離を想定していない。田口博撮影

　この後、宮島線はよく知られているように連接車王国となります。
　車体同士を永久結合してしまう連接車にはいろいろの様式があり、そのいくつかは後に広電でも見られるようになりますが、わが国の連接車の歴史はまず、ボギー車の変形といえる、2つの車体の間に共通の台車を置いた構成から始まりました（アネックスで解説）。
　わが国最初の連接車は1934年にデビューした京阪電車の60形「びわこ」で、2車体3台車で構成されて高いドアと低いドア、トロリーポールとパンタグラフを持つ多様な電車でした、大阪の天満橋から京阪本線をパンタグラフで走行して高いドアで客扱いを行い、京都の三条から京津線に入るとトロリーポールで走行して低いドアを用いながら琵

写真6-9　京阪電車の2車体3台車の60形連接車「びわこ」。京阪本線、京津線を直通するので2種のドア、パンタグラフ、トロリーポールを持つ。野口昭雄撮影

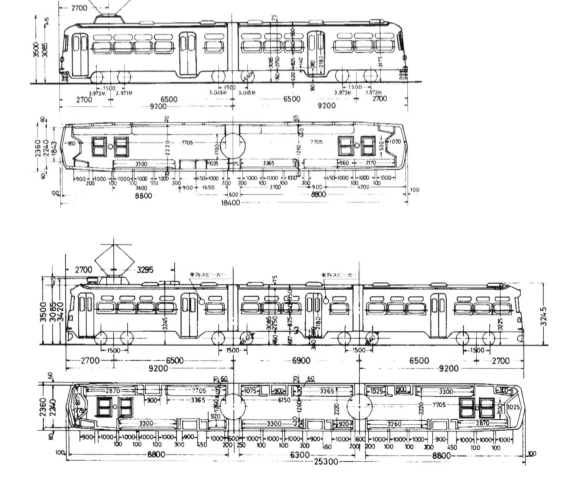

図6-5　西鉄北九州線の連接車。1953年から製造。2車体3台車のほか3車体4台車の大型車も作られた。国立公文書館所蔵

琵湖のほとりの浜大津まで直通します。京津線の60/1000以上の急勾配のための抑速電気ブレーキまで備えた重装備の電車でした。

　スタイルは当時脚光を浴びていた日本車輛式の流線型で、一度見ると忘れられない名車両でした（写真6-9）。その後の路面電車では名古屋市電が多数の2車体3台車の連接車を使います。

　戦後になって多数の連接車を使いこなしたのは九州の西鉄電車でした。路面電車の北九州線と福岡市内線に多くの乗客を乗せることができる連接車を投入します。2車体3台車のほか3車体4台車の大型車も作られました（図6-5）。

　広電の宮島線では、代表的な床の高い電車の最終モデル1060形は長さ15.9メートル、定員120名でした。これを路面電車形の車両で置き換えると、例えば2000形は長さ12メートル、定員80名でやや小さ過ぎます。一方、2000形を2

写真6-10　2500形連接車。広電最初のオリジナル連接車。江本廣一撮影

写真6-11　2500形連接車。矢崎康雄撮影　1973年

写真6-12　2500形連接車 2510番台。大阪市電の中古車を改造したものなのでやや古風な外観。江本廣一撮影

両連結した列車は長さ24メートル、定員174名で従来の床の高い電車に比べて過大になります。

　一方、広電では1957年に1040形を2車体連接車に改造していましたが、長さ21.6メートル、定員140名とやや大型でした。これに比べ、西鉄の2車体連接車は長さ18.4メートル、定員130名で、床の高い電車より少し大型の手ごろな車両となります。こうした観点から広電でもこのサイズの連接車に注目したようでした。

写真6-13　2500形連接車2511 ～ 2514のグループ。台車は大阪市電形。矢崎康雄撮影　1983年

写真6-14　原型：西鉄福岡市内線
1200形。1100、1200、1300
形の計8編成が広電に入線、3車体
3000形となった。1300形（2編
成）は当初原番号で移籍、そのまま
使われてから改造。
江本廣一撮影　1960年12月

写真6-15　3000形3車体連接車。
西鉄福岡市内線の連接車を3車体
化。この3006編成は中間車体が
別形式からの改造だったので窓の
高さが異なる。吉村光夫撮影

写真6-16　3000形の現況。市内
線専用となって通勤輸送などに活
躍。2019年12月撮影

1961年から導入された2500形は長さ18.3メートル、定員130名で、初めの2編成が外注、後の3編成が社内製作でした。2000形と同等の走行性をもち、外観が少しスマートになった2車体連接車は新鮮でした。台車はスイスの技術による国産のトーションバー方式という珍しいものでした（写真6-10）（写真6-11）。

　しかし、第4章で述べたように路面電車が逆風に吹かれていた時期で、広島市内の地下鉄の案もあり、増備には慎重だったようです。

　一方、宮島線生え抜きの木造電車が老朽化しており、その置き換えが必要になっていました。そこで大阪市電から購入した1600形電車4両を2編成の連接車に改造するという方策がとられます。1966年に登場した2510番台は、先行した2500形に主要機器を合わせたので性能、大きさは同等でしたが、外観はやや古風になりました（写真6-12）（写真6-13）。

　この後、また程度の良い中古電車を入手できる機会が広電にめぐってきました。西鉄の福岡市内線が1975年より段階的に廃止となり、大型でワンマンカー装備のない連接車を早期に引退させることになったのです。広電はその一部を導入し、モータの交換、ブレーキの改良、冷房装置の装着などの手直しの上1979年から導入しました。大きな変更は余分の車体と台車も購入し、北九州線2001のような中間車体をもつ3車体4台車の連接車としたことで、長さ25.2メートル、定員180人と大型の3000形8編成が導入されました。

　番号のつけ方がここで変更され、例えば2車体の2500形では2501－2502、2503－2504・・・と車体単位で附番していたのが、3001A－3001B－3001C・・・と編成単位の附番となりました。これは西鉄の付番法に倣ったもので、この後の新車に継承されます（写真6-14）（写真6-15）（写真6-16）、

　1986年、すでに20数年走っていた2500形が3車体4台車化されて3100形となりました。7編成14車体を3編成9車体に組み替えたもので、中間車体の切断箇所の選定や制御器の流用の仕方などには苦労があったようです。冷房装置を搭載、新しいアイボリと緑の塗装で自走で述べる「軽快電車」3500形に続いて「ぐりーんらいなー」の愛称が与えられ、その後の連接車のスタイルの先駆けとなりました（写真6-17）。

写真6-17　3100形「ぐりーんらいなー」。2500形を3車体化、近代化、塗装変更。吉村光夫撮影

【広島市案内略図（大正時代）】
大正期の博覧会開催時、広島市東西の旅館組合が発行した広島市内の案内図で、国鉄の広島駅は右上に見える。中央上部に大本営があった広島城があり、南側が博覧会の第一会場であったことが分かる。第二会場は比治山公園に置かれていたが、比治山下を経由して宇品方面に向かう現・5号線はまだ開通していない。また、現在の6号線・8号線が走る土橋～江波間の路線も存在していなかった。（所蔵・文：生田誠）

第4章
技術革新と超低床車

次世代のLRTを目指した「軽快電車」3500形。千田車庫の奥で休眠。2009年4月撮影

（1）最新の技術を取り入れて脱皮

　1960、70年代はわが国の路面電車には「暗黒時代」でした。私鉄高速電車、地下鉄、国鉄電車の技術の目覚ましい進展とは裏腹に、路面電車廃止の風が吹き荒れて新しい技術の実用化がほとんど止まっていたのです。

　こうした嵐が下火になり、広電のような強靭な電鉄が生き残ると、欧州の路面電車の隆盛が見直されて「わが国の路面電車も何とかしよう」という動きが出てきました。

　1978年に日本鉄道技術協会のもとに学識経験者、メーカ、電鉄会社が集まり、新しい路面電車を実用化するための委員会が発足しました。日本船舶振興会（今の通称は日本財団）からの補助金をもとに、欧州に負けない新型の路面電車を3年で実現しようとするもので、そのシンボルネームは「軽快電車」でした。新型路面電車を表す英語「Light Rail Transit」、略称"LRT"の訳語としてすばらしい名訳と感心させられたものです。成果の試作電車として、1980年に広島電鉄に3車体4台車、全長26.3メートルの連接車1編成が導入され「ぐりーんらいなー」と名付けられました。また、長崎電軌にボギー車2両が導入されました（写真7-1）。

写真7-1　「軽快電車」3500形「ぐりーんらいなー」。日本鉄道技術協会が実用化した新技術による電車。矢崎康雄撮影　1981年

　これに使われた技術は、当時の欧州、特にドイツの路面電車の影響を大きく受けたものでした（アネックスで解説）。当時発達を遂げていたパワー半導体を駆使したチョッパ制御は1968年に東京の営団地下鉄に採用されて以来地下鉄などの定番になっており、欧州の路面電車でも新車のみならず旧車の改造にも用いられていました。台車にモータを1つだけ搭載して両側の車軸を駆動する構造は台車を軽くできるのが特徴で、欧州の路面電車や地下鉄には多数の例が見られ、わが国でも東急などが採用しましたが多数派にはなり得ず、珍しいものでした。シートは1人掛けのクロスシートでしたが、これは加速・減速の鋭い欧州の電車の定番でした（写真7-2）。

写真7-2　3500形の車内。欧州の電車と同じ1人掛けのクロスシート。2009年撮影

しかし、この新型電車は量産に移行せず、成功しませんでした。後世史家の言辞で恐縮ですが、筆者にはこのプロジェクトが当時の欧州の路面電車を追うのに終始し、未来の路面電車への視点がやや不足していたように見受けられます。

　一つは欧州における超低床電車の実用化の動きでした。床の高さを地上の安全地帯と同じ高さに下げ、車いすなどの乗降の便をはかろうとする研究は戦前から米国などで見られましたが、ちょうどこの頃から欧州で盛んに実用化されるようになります。

　いま一つはマイクロコンピュータによる信号処理を基盤としたインバータ制御と交流モータの採用でした。電車や電気機関車の駆動系を飛躍的にシンプルに、メインテナンスフリーにしてしまうこの技術は、当時欧州の電気機関車、ディーゼル電気機関車から始まって検討が進んでおり、わが国でも2年後の1982年に路面電車の熊本市電で採用され、その後大手私鉄などに爆発的に広まり、スプレイグ以来100年続いた従来の電車の構成を根本的に変更してしまったのです。

　これらに比べ、この試作電車は現場では受け入れられず、長崎の2両はすでに廃車されました。広島の3500形はまだ車庫に置かれていますが、当初2車体3台車で設計されていたものを途中で3車体4台車に変更したためモータの出力が不足し、やはり使いにくいようで稼働率は低い状況です。

　「軽快電車」プロジェクトがわが国の路面電車に与えた影響で最大のものは、そのスタイリングでした。やや角張った車体、正面の大きな1枚ガラスの窓、ほぼ正方形で中央に中桟を持つ2段窓の外観を持つ電車はその後各地の路面電車にデビューします。

　1982年にデビューした新700形201〜707号は、まさに「軽快電車」を通常のボギー車としたスタイルで、パンタグラフを搭載し、広電以外にも類似の新車を見かけるものでした。制御器も間接制御でしたが、チョッパ制御ではなく昔ながらの抵抗制御で、また元大阪市電の古いモータを用いたので駆動機構は吊掛け式でした（写真7-3）（写真7-4）。

写真7-3　モータ以外は新しい高性能車だった前期の新700形（1982年）。「軽快電車」スタイル。701〜707号のモータは中古品のため吊掛駆動。1997年11月撮影

写真7-4　前期の新700形。屋上も含めすっきりした姿。1997年11月撮影

写真7-5　モータまで新品の後期の新700形（1985年）。711〜714号は完全な新性能電車。2019年12月撮影

　1985年に増備された711〜714号は新品のモータに、当時最新だった中実軸平行カルダン駆動を使っていました。ここで広電の技術は当時の私鉄高速電車のレベルに並んだわけです（写真7-5）。

　その間の1983年に、「軽快電車」3500と同様のチョッパ制御、回生ブレーキを搭載した新車800形がデビューし、その後10数年にわたり少しづつ増備されます。駆動方式は新幹線などと同じWN駆動で、Zパンタグラフを搭載し、1987年製からは正面の窓が3車体連接車3800と同じブラックフェースになったのが新鮮でした。1997年まで14両がつくられましたが、この以後は広電の新車は連接車となったので、800形は広電のボギー車の最後を飾る車両となりました。

　その後800形は次々に3800形などと同様のVVVFインバータ制御、交流モータに改装されていきます（写真7-6）。

　一方、宮島線はすでに3000形以来3車体4台車の連接車による直通運転の時代となっており、「軽快電車」3500形もこれを踏襲していました。その後の新車も3車体連接車で、宮島線はわが国には珍しい長大な連接車のパラダイスとなります。

　市内線にいろいろな街の市電の中古車両を導入して成果を上げていた広電が、ここで西ドイツにまで触手を広げました。1981年に導入された2編成の連接車70形は西ドイツドルトムント市で20年にわたり働いていたデュヴァグ社製の電車で、同市で地下線を建設して路面電車を直通させるため車両を入れ替える必要が生じ、余剰になった車両でした。

　したがって、この電車はデュヴァグカーとしては比較的初期のモデルでしたが、わが国の鉄道界に新しい知識を吹き込むものでした。一口に言えば「日本の路面電車が停滞していた間に欧州はここまで進んでいたか」という感慨だったようです。

　70形は3000形以来の直通車

写真7-6　チョッパ制御、WN駆動の800形（1983年）。現在次々にVVVFインバータ制御、交流モータに改装されている。1997年11月撮影

両と同じ3車体4台車の連接車で、全長は約27メートルとほぼ同等、幅が約10センチ狭いものの直通運転には適当な大きさでした。制御器は旧来の直接制御ながらスイッチを床下に置き、運転台から巨大なハンドルで機械的に遠隔操作するもので、制御の段数が多く、わが国の古風な直接制御の電車に比べ加速、電気ブレーキによる減速いずれも滑らかで鋭いのは私たち乗客にもはっきり体感できました。台車は通常の2つのモータによる吊掛式でしたが、車輪がタイヤの内側にゴムを挟んだ防音車輪で、走行音はとても静かでした。

広電では、ワンマンカーだったので車掌台を増設し、屋根上の抵抗器を中間車体に集めて両側車体に冷房装置を搭載するなどかなり手を加えました。とくに車輪を広電の線路に合わせるために専用の工作機械を作って防振ゴムをはめ直したのは大仕事だったと聞きます。

従来の日本の電車とは外観、機器構成いずれも異なるこの電車は大いに注目されました。とくに、PCCカーとは異なる特徴を持ち、電車技術史上重要な位置を占めるデュヴァグカーに接することができたのは、わが国の電車技術界には有意義だったと筆者は考えます（写真7-7）（写真7-8）（写真7-9）。

写真7-7　元ドルトムント市電76号（1981年導入）。スタイル、機構いずれもわが国の路面電車とは異なる特徴がみられた。吉村光夫撮影

写真7-8　元ドルトムント市電77号（1981年導入）。吉村光夫撮影

写真7-9　元ドルトムント市電76、77号の搬入。神戸港から広島港までは瀬戸内海を「はしけ」で運ばれた。吉村光夫撮影

1984年、「軽快電車」3500形によく似た3車体4台車の連接車が登場しました。愛称はやはり「グリーンライナー」でしたが、動力装置は3500形とは異なり手堅い技術を用いていました。制御器は間接制御ながら従来型の抵抗制御で前年の800形のチョッパ制御より後退した印象でした。また、駆動機構は広電では初めての中空軸平行カルダン（TD平行カルダン）駆動でしたが、すでに他の電鉄で使用実績が多く、21世紀初頭からは新幹線にも用いられます。5編成と多数がつくられたのも3000形（8編成）以来でした。

　「軽快電車」プロジェクトには量産車はありませんでしたが、その後に作られた700形、800形、3700形を眺めると、このプロジェクトは明らかの広電の文化を現代化する効果があったように思われます。

　700形、800形、3700形は乗客に「広電は確かに新しくなった」という印象を与え、広電の乗客数の下げ止まりから増加に転じるのに貢献したようでした。並行する山陽本線は折から国鉄民営化騒ぎの最中でしたが、国鉄末期の1985

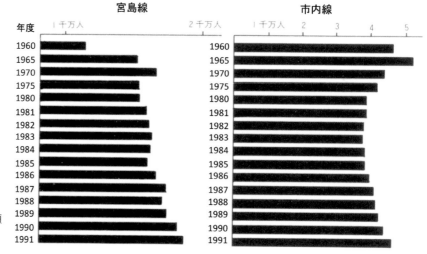

写真7-10　3700形「ぐりーんらいなー」（1984年）。「軽快電車」3500形に似た外観だが走行系は手堅い技術。吉村光夫撮影

図7-1　広島電鉄の乗客数の推移
3700形がデビューした1984年頃より乗客数が伸び始めた。
広島電鉄開業80創立50年史

宮島線	市内線
年度			
1960			
1965			
1970			
1975			
1980			
1981			
1982			
1983			
1984			
1985			
1986			
1987			
1988			
1989			
1990			
1991			

写真7-11　3700形「ぐりーんらいなー」（1984年）。主として宮島線に投入されている。2017年9月撮影　楽々園

写真7-12　3800形「ぐりーんらいなー」（1987年）。現代的なVVVFインバータと交流モーターを採用した。
2017年9月撮影　楽々園

年に新しい新井口駅ができ、JR西日本が発足した後の1988、89年に宮内串戸、阿品の2駅ができたのは広電の巻き返しに対応した施策のように見えました（写真7-10）（図7-1）（写真7-11）。

　1987年から1989年にわたり9編成が導入された3800形は、3車体4台車の構成と「ぐりーんらいなー」の愛称は踏襲しましたが、スタイルが一新されました。しかし、それ以上に注目を浴びたのは制御器にVVVFインバータを、またモータに三相交流で動作する誘導モータを用いたことでした。100年来続いてきた従来の電車の技術を過去のものにしてしまった革命的なシステムを、広電でも採用したのです（アネックスで解説）。

　世の中のモータの主流は構造がシンプルな交流モータでしたが、これは回転数が一定だから電車や電気機関車には使えないといわれ、鉄道では整流子、ブラシといった付加部品が必要な直流モータが使われてきました。しかし、回転数が一定というのは周波数一定の電力会社の交流電源（東京なら50ヘルツ、広島なら60ヘルツ）を前提としたときの話で、電圧・周波数いずれも可変（Variable voltage and variable frequency, VVVFと略称されます）の電源を車上で用意すれば交流モータを使うことができます。さらに、整流子などのスペースのいらない交流モータは出力のわりに長さが小さく、電車の台車に都合がよいのです。

　ただし、走行状態に合わせて電圧と周波数を最適制御するためにはコンピュータによる信号処理が不可欠で、マイクロコンピュータの進歩がこの方式の実用化の鍵となったのでした。

　我が国で最初に熊本市電がこれを営業に用いたのは1982年でしたが、大手私鉄での採用は信号システムへの影響の吟味などのため遅れ、東急と近鉄で営業運転が始まったのは1984年でした。広電も宮島線では自動信号システムを使っていますので慎重だったのでしょう。

　制御器、モータいずれも小型軽量になり、発熱が少ない、モータのメインテナンスが楽になるなど、この方式の利点は明らかでした。広電はこの後すべての新車がVVVFインバータと交流モータの組み合わせになり、前述のように既存の電車もこの方式に改装されていきます（写真7-12）。

写真7-13　3900形「ぐりーんらいなー」（1990年）。モーターが強化された。1997年11月撮影

写真7-14　3950形「グリーンライナー」（1997年）。愛称がカタカナになった。2017年9月撮影　楽々園

　1990年から1996年にかけて8編成が投入された3900形はやはり3車体4台車で、外観は3800形に似ており、愛称も同じ「ぐりーんらいなー」でしたが、モータの出力が強化されていました（写真7-13）。

　1997年から1998年にかけて6編成が投入された3950形はやはり3車体4台車で、ヘッドライトが新構造になったそうですが、外観はやはり3900形に似ていました。愛称は「グリーンライナー」とカタカナに変わりました（写真7-14）。

　なお1989年、長大な連接車の新製がにぎやかだった広電にドイツから1台の4輪単車が来ました。元ハノーバー市電で、1928年生まれの古い電車が戦災を受け、その部品を用いてデュヴァグ社が1950年に車体を新造した、という車両でした。ハノーバー市が広島市と姉妹都市の縁組をしており、その5周年記念として寄贈されたものでした（写真7-15）。

　広電は戦前から4輪単車の長い歴史を持っていますが、この電車との比較は興味深いものがあります。

　まず車体が長さ11メートルと大きく、またモータも広電の旧車の2倍以上の大出力でした。欧州の4輪単車はトレーラ（附随車）を牽くことが多いのでこの出力が必要だったのでしょう。制御器はドルトムント電車70形とよく似ており、床下のスイッチ群を運転台から機械的に遠隔操作するものでした。スイッチ群は1組で、前後どちらの運転台からも操作できるようになっていました。

　窓が開閉不能の固定式で、また屋根上を抵抗器が占領しているため冷房装置の搭載が不可能なので、夏を避けてイベント運転に使われています。特にクリスマスの電飾電車は人気があると聞きます。

写真7-15　ハノーバー市から寄贈された238号。

（2）世界水準の超低床車を積極的に導入

　地上に設けられた歩道または安全地帯から段差なしに乗降できる「超低床車」は、長年にわたり夢の路面電車でした。米国J. G. ブリル社がレール面上10インチ（約25センチ）という破天荒な超低床の電車を試作したのは1912年でしたが、量産には至りませんでした。

　戦後の欧州で超低床車への挑戦が始まりました。当初はモータを持たない「超低床附随車」の牽引、さらに3車体連接車の中間車体を超低床とする「部分超低床車」といった方法が実用化されました。床の高さはレール面上30 ～ 35センチが一般的でした（図8-1）。

　しかし、やはり理想はすべての床が低い「全面超低床車」で、1990年前後から導入が始まりました。ポイントを円滑に通過するには車輪の直径は60センチ程度が必要ですので、この床の高さでは左右の車輪を車軸で結ぶのが不可能となります。こうした制約のもとにどのように動力伝達システムを構成するか、種々の試行錯誤が行われて構成が絞られました。20世紀終期にはジーメンス社（ドイツ）、ボンバルディア社（カナダ、路面電車部門の本拠はドイツ）、アルストム社（フランス）などが標準設計の車両を実用化し、種々の電鉄に類似の車両を供給するようになります。旧来の路面電車は大幅に脱皮し、LRT（Light Rair Transit）の名が定着しました。

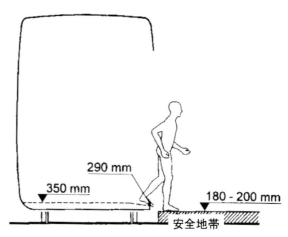

図8-1　超低床車の概念
レール面上30 ～ 35センチの床の高さが目標となる。
大賀寿郎「路面電車発展史」戎光祥出版（東京、2016）

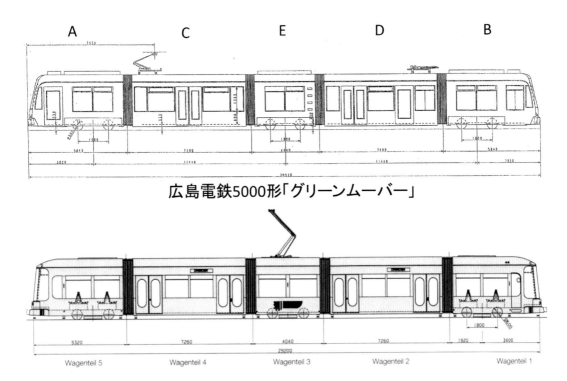

広島電鉄5000形「グリーンムーバー」

比較：ドレスデン市電の5車体連接車（ドイツ）

図8-2　広電5000形とドレスデン市電（ドイツ）の5車体連接車の比較。瓜二つの構成といってよい。
広島電鉄図面、Die Geschichte der Strassenbahn zu Dresden von 1872 bis 2007 (DVB, 2007)

しかし、その駆動機構はまさに各社各様で、従来の吊掛式のような世界的な標準技術は現れませんでした。

わが国最初の超低床車は新潟鐵工所が1997年に熊本電鉄(熊本市電)に納入した9700形でした。アドトランツ社(ボンバルディア社の鉄道部門の前身)の「ブレーメン型」の台車や動力部品を輸入して国産の車体と組み合わせた2車体連接車で、4輪単車を2両組み合わせた構成でした。

これに続いたのが、広島電鉄が1999年に製造した5000形「グリーンムーバー」でした。広島電鉄はジーメンス社の標準型「コンビーノ」を選び、完成車を輸入しました。当時はドイツでも導入当初で、あちこちの街でお披露目運転をしていた段階でしたが、車体が鋼鉄の骨格とアルミ合金板の組み合わせで軽いこと、5車体連接といった長編成が可能であり、最高時速90キロの性能を持っていたことなどが選定理由かと思われます。

実は、ジーメンス社の路面電車部門は名門デュヴァグ社を1999年に買収したもので、広電にはドルトムント電車70形以来のなじみがありました。

5000形「グリーンムーバー」はコンビーノの初期のモデルですが、5車体、7車体の長大な超低床の連接車をどんどん導入したドレスデン市電(ドイツ)の5車体連接車とを比べると、よく似た構成であることがわかります(図8-2)。

両端のA、B車体と中央のE車体が車輪を持ち、車輪を持たないC、D車体を支えています。駆動装置はモータ、歯車などすべての機器を車輪の外側に配置した独特の構造で、両端のA,B車体が搭載しています(アネックスで解説)。床の高さはレール面上33センチです。屋根上にはA,B車体が制御器と補助電源を、C、D車体がシングルアームパンタグラフと冷房装置が載っています。

パンタグラフの大きさが日本とドイツとでかなり違いますね。欧州の市電は架線の高さの変化がわが国の市電より大きいようです。

また、ドレスデン市電は乗客があらかじめ地上で運賃を支払ってから乗車する「信用乗車方式」を採っているので、すべてのドアで自由に乗降できるのに対し、広電は運転士と車掌がチェックする方式ですので入口と出口が別になっています。運転台の隣りのドアとD車体の車掌台の隣りのドアが出口で、他の2つのドアが入口です。したがって、広電では乗客は車内を歩かなければなりません。

最初の編成の5001号はドイツから広島空港までロシアの超大型輸送機で空輸されたのが話題となりました。国への補助金申請の期限の関係で輸入を急いだということでしたが、飛行機の中にレールまがいの設備を設け、5つの車体をパンタグラフも外さずに積み込んだのは壮観だったと聞きます(写真8-1)(写真8-2)。

写真8-1　5001編成を飛行機から搬出。大きく開いた搬出口からトレーラトラックに積んで広島へ。広島電鉄写真

写真8-2　5001編成を空輸したロシアの超大型輸送機アントノフ。AN124-100.ドイツ空港からロシアを経て広島空港まで飛行。広島空港着陸時。広島電鉄写真

写真8-3　5000形「グリーンムーバー」（1999年）。100％超低床車。外側直角カルダン駆動、電磁吸着ブレーキ。2017年9月撮影

　5000形「グリーンムーバー」は、外観、技術いずれも広電はもとよりこれまでの日本の路面電車では全く類例がないものでした。その静かな走行音も魅力的で、デビュー以来宮島線のスターとなりました。後続の新車が誕生した今でもその存在感は大きなものがあります（写真8-3）（写真8-4）（写真8-5）。

写真8-4　5000形「グリーンムーバー」。制御器、保持電源などは両端の屋根上に、パンタグラフと冷房装置は2、4番目の車体乎屋根上に搭載。前面のデザインは広島電鉄が行った。2008年10月撮影

写真8-5　5000形「グリーンムーバー」現況。窓の上段のサッシが更新されている。2019年12月撮影

　しかし、5000形を運用していくと、輸入車両特有の問題があることがはっきりしてきました。メーカが地球の向こう側にあるので修理部品や細かい情報が思うように入手しにくいのです。外国から輸入された自動車に乗っておられる方には広電の悩みが理解できるのではないでしょうか。広電ではついに1編成又はそれ以上を運用から外して部品取り用にするということまでせざるを得ませんでした。

　また、コンビーノの基本設計では強度不足が顕在化し、21世紀になってからリコール騒ぎもありました。このためジーメンス社はコンビーノの設計を見直し、その後全車体が車輪を持つ「コンビーノ・プラス」が出現しています（写真8-6）。

写真8-6　ブダペスト市電（ハンガリー）のジーメンス「コンビーノ・プラス」。2005年から導入された新しいモデル。全車体が車輪を持つ。この形式は6車体連接で約54メートルと世界有数の長さを誇る。2012年4月撮影

　しかし、広電は基本構成を保って国産技術で改良を加える道を選びました。

　21世紀にはいると純国産の超低床車を実現する動きが活発になります。新潟鐵工所（2007年より新潟トランシス）はボンバルディア社からの輸入部品による超低床車を岡山市電などに納入していました。またアルナ工機などにより、構造を工夫して左右の車輪の間に車軸を通した超低床車「リトルダンサー」が2002年から実用化されます。運転台部分の下に台車とモータを置く構成で、例えば2003年に製造された長崎電軌の3車体連接車3000形は床の高さが車室で38センチ、台車部分でも48センチと善戦していました。

　これとは別に2001年より近畿車両、三菱重工業、東洋電機の3社が「U3プロジェクト」と呼ばれる共同検討を立ち上げました。また、これら3社を含む8社が同じ年に超低床車の台車を検討する組合を立ち上げました。

　この両者に広島電鉄がユーザとして参加し、その成果が2004年にデビューした5100形に結実しました。U3プロジェクトの成果は「JTRAM」と呼ばれますが、広電の新車では独自の愛称「グリーンムーバーマックス」が一般的になっています。

　5100形は5000形と同じ8車体3台車の連接車で、大きさもほぼ同じでした。また駆動機構やブレーキも似た構成でしたが、次のようないくつかの改良がありました。

－スペースを工夫して座席定員を増やしたこと。
－冷房装置の能力を上げたこと
－通路を可能な限り拡げて車いすでの車内移動を楽にしたこと

　このほか、外国の特許のいくつかからフリーになったこと、修理部品の調達が楽になったことは国産ならではの成果といえるでしょう。

　乗客の目からはデザインが一新されたのも新鮮でした。車体の白い部分が多いこと、正面のデザインが曲線的なことは街の雰囲気を和らげる効果があったといえます。

　車いすでの車内移動が楽になったなどの改良は乗降の頻繁な路線に向いているので、5100形は宮島線よりは広島港系統の市内線で見かけるチャンスが多いのが特徴のようです（図8-3）（写真8-7）（写真8-8）。

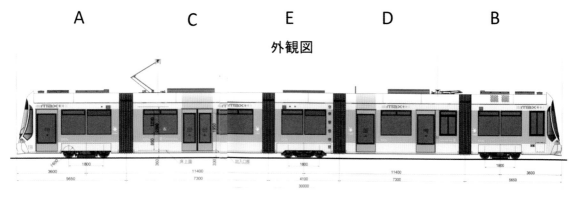

A　　C　　　E　　D　　　　B

外観図

室内図

図8-3　5100形「グリーンムーバーマックス」（2004年）。構成はジーメンス5000形と同等だが種々の改良がおこなわれた。
広島電鉄新車説明資料

写真8-7　5100形「グリーンムーバーマックス」（2004年）。
デザインと塗色が一新された。2017年9月撮影　地御前

写真8-8　5100形「グリーンムーバーマックス」の現況。車
椅子での車内移動が楽になったなどの特徴があり、市内線系統
で歓迎されている。2017年9月撮影　胡町

　さらに市内線に超低床車を普及さ
せるため、2013年から3車体の1000
形がデビューしました。U3プロジェ
クトの「JTRAM」の第2弾ともいわ
れ、最初の1001号は「ピッコロ」、
1002号は「ピッコラ」、1003号以降は
「グリーンムーバーレックス」という
名になりました。この電車は従来の
ワンマンカーのボギー車の置き換え
という位置づけなのでサイドのドア
は2か所、車掌台もないシンプルな
構成となっています（図8-4））。

A　　　　C　　　　　B

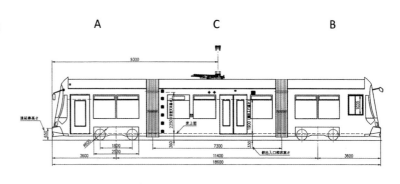

図8-4　5100形「グリーンムーバーマックス」の現況。車椅子での車内移動が楽に
なったなどの特徴があり、市内線系統で歓迎されている。広島電鉄図面

この車両はすでに16編成が導入され、これまで超低床車と無縁だった江波方面、横川方面、さらには白島線にも進出して市内線の雰囲気を大幅に変えました。特に「広電のローカル線」白島線は他線との直通がなく、5か所の停留所を2本の電車が途中ですれ違いながら往復しているだけなのですが、その一方に1000形が入ってぐっと近代化されました。今は広電では昼間はなるべく超低床車を優先的に使う方針のようです（写真8-9）（写真8-10）（写真8-11）（写真8-12）。

写真8-9　1000形「グリーンムーバーレックス」（2013年）。広島駅から比治山下を経て広島港に直行する系統で運行。2017年9月撮影　的場町

写真8-10　1000形「グリーンムーバーレックス」。サイドのドアは従来のボギー車と同じく2か所、車掌台はない。2017年9月撮影　猿猴橋町

写真8-11　1000形「グリーンムーバーレックス」。広告ラッピング電車が横川に入線。2017年9月撮影　横川

写真8-12　1000形「グリーンムーバーレックス」の室内。この椅子の下に車輪が置かれている。2019年12月撮影　白島線

1000形では現在、ICカードで乗車する乗客がどのドアからも乗降できるサービスが試行されています。結果の総括が楽しみです。

　2019年になってU3プロジェクトの「JTRAM」の直系といえる5車体連接車5200形がデビューしました。愛称は「グリーンムーバーエイペックス」なのですが、車体には白と黒の部分が多くグリーンの色が少ないのが面白い？ところです。全体の構成や基本的なスタイルは5100形、1000形のコンセプトを引き継いでおり、いよいよ「広電スタイル」が固まった印象です。5100形に比べ車掌2名乗務に対応しなくなったので車内が少し変わったのですが、漫然と乗っているとよく認識できませんね（図8-5）。

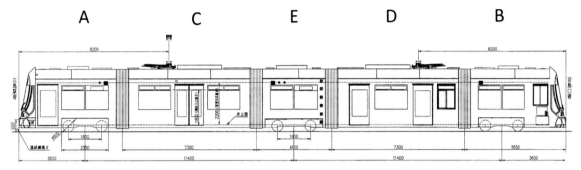

図8-5　5200形「グリーンムーバーエイペックス」（2019年）。5車体連接車の後継。広島電鉄図面

　こうした長大な超低床車は欧州では当たり前で、6車体、7車体といった「路面電車列車」も多いのですが、わが国では広電以外には長大な超低床車はありません。広電の存在感は圧倒的なものがあります（写真8-13）（写真8-14）（写真8-15）

写真8-13　5200形「グリーンムーバーエイペックス」（2019年）。丸みを帯びたデザインは新しい広電の顔となった。
高井薫平撮影　2019年8月　広電宮島口

写真8-14　5200形「グリーンムーバーエイペックス」。名前は「グリーン」だが白と黒のシンプルな姿。
2019年12月撮影　本川町

　我が国の既存の路面電車線ではこれだけ大規模な超低床連接車を導入するところは当分なさそうですが、栃木県宇都宮市で計画されているLRTでは広電1000形のような3車体連接車が想定されているようです。これから仲間が増えていくことを期待したいと思います。

　5200形は宮島線の仕業が主になっているようなので、3000番台の床の高い3車体連接車がこれから市内線専用になるのでしょう。収容力が大きい3車体連接車は市内線のラッシュ時には好評を博すると思います。

写真8-15 5200形「グリーンムーバー エイペックス」。屋根上の機器も整理されている。2019年12月撮影　本川町

第5章
広島電鉄と周囲の電車

広電宮島線と並走するJR山陽本線。手前の線路、架線、信号機は広電宮島線のもの。2017年9月撮影　五日市～廿日市

（1）JR山陽本線と可部線

　広電が市内線と宮島線との直通運転を本格的に開始したのは1961年で、10〜15分間隔で電車が走っていました。

　一方、その頃の国鉄山陽本線はまだ非電化で、普通列車も蒸気機関車が牽く客車列車でした。最後に残った横川〜小郡間が電化されたのは1964年でした。電化後もしばらくは「汽車ダイヤ」で列車本数が少なく、便利に使える路線ではありませんでした（表9-1左：電化後4年目、普通列車のみ表示）。

　広島〜宮島口間の所要時間は約40分で、駅が増えたにもかかわらず30分以内で走破する今の電車列車よりは鈍足でした。広電は総合的に、国鉄に対して十分な競争力があったといえます。

　しかし、本格的に電車運転の始まった山陽本線は利便性を改善してきます。国鉄末期の1982年からは「広島シティ電車」の名で普通電車が大増発されました。JR西日本発足後は「広島シティネットワーク」の名のもとに他線との連絡が改善されてさらに便利になります。今では日中でも約15分間隔で運行され、所要時間は広電の半分以下です。しかも車両が新車227系に統一され、どの列車も豪華な転換クロスシート、トイレ付と欧米の郊外電車と比べても見劣りしないのが広島地区のJRの魅力になっています。

　そんなわけで、昔と異なり広電が絶対優位ではなくなったようです（表9-1右）（写真9-1）（写真9-2）。

1968年		2019年	
時間	発車	時間	発車
5		5	52
6	35	6	24 39 58
7	02快 22 35	7	05 24 37 50 56
8	58	8	05 21 35 53
9	24 55	9	00 09 15 28 36 50
10	25	10	00 15 31 51
11	02 33 50	11	00 15 31 45
12	30	12	00 15 31 45
13	57	13	00 15 31 45
14	40	14	00 15 31 45
15	12 39	15	00 15 31 45 56
16	45	16	07 19 30 42 52
17	28	17	00 09 23 30 42 48
18	06 55	18	06 16 21 30 41 49 56
19	37	19	04 16 31 42 53
20	12	20	10 20 32 42 50
21	33	21	10 19 31 45
22	57	22	01 25 51
23		23	20 48
0		0	08

写真9-1　JR西日本の227系の車内。豪華な転換クロスシート。郊外電車の世界水準に比肩。2017年9月撮影

表9-1（右）　国鉄、JR西日本の広島から宮島口への発車時刻表　普通列車のみ史を示す。JR時代の「汽車ダイヤ」から脱皮して都会的な「パターンダイヤ」になったことがわかる。

写真9-2　広電のライバル、JR西日本の227系。広島地区のJR電車はこれに統一された。時速110キロで快走する。2017年9月撮影　宮内串戸〜阿品

しかし、広電の強みは街の中心街の盛り場を縦断し、きめ細かく停車していくことでJRにはない利便性を確保していることでしょう。また、車両はJRのような豪華電車ではありませんが新しいスマートな連接車で、30分程度の乗車ならこれで十分、という水準に達しています。

　第7章で述べたように、国鉄、JRが新しい駅を開業して利便性を上げてきたのは、広電が3800形以降の新型連接車を投入して乗客を増やし始めた時期でした。これからもサービス競争が続くのは私たち乗客には楽しみなことです。

　次にJR可部線に注目しましょう。可部線は太田川の上流の領域を基盤としていて広電とは直接の競合関係はないのですが、比べると面白い対比が見えてきます。

　可部線のルーツは1919年に開業した大日本軌道広島線で、軌間762ミリ、非電化の軽便鉄道でした。これが1929年から1930年にかけて1067ミリに改軌、また直流600ボルトで電化され、1931年から広浜鉄道の名で横川から可部までの訳14キロ、広電宮島線よりやや短い距離の電車鉄道になりました。名前の「広」は広島、「浜」は日本海側の浜田で、壮大な陰陽連絡鉄道を目指していたわけです。

写真9-3　広浜鉄道1形（1930年）、後の国鉄モハ90形。長さ12メートルのポールカー。当時の広電宮島線の電車と同等。
日本車輌カタログ（1929年）

　1930年から走った最初の電車は長さ12メートルの半鋼製でトロリーポールを用いており、制御器は直接制御で、広電宮島線の1030形（車体延伸前）と同等の小型電車でした（写真9-3）（写真9-4）。

写真9-4　熊本電鉄71号、広浜鉄道1形の生残り。北熊本車庫で校内入れ替えに使われてきた。1994年11月撮影

　この線が1936年に国鉄に買収されて可部線という国鉄電車区間になりました。いわゆる戦時合併でいくつもの私鉄が半強制的に国有化された時期よりはかなり前で、広島〜浜田間の鉄道が国が建設すべき線として法制化されていたためといわれますが、広浜鉄道の経営不振の救済の意味もあったのではないかと思われます。

　このため「トロリーポールを持った超小型の国鉄電車」が誕生しました。

1945年8月6日の原爆投下により可部線の電車も被災しました。生き残ったのは9両中3両だけでした。
　国鉄は急遽他の買収線の電車を投入し、結果として車両が大型化されます。1948年には架線電圧が750ボルトに、またトロリーポールがパンタグラフに変わりました。そして1950年代からは大都市で使われていた国鉄標準型の電車が入って交代し、1963年に架線電圧が1500ボルトになってさらに大型の電車が入線して、可部線は完全にフルサイズの国鉄電車区間となります。広電宮島線が市内線との本格的な直通運転開始により次第に路面電車的な雰囲気になっていくのとは正反対の動きでした（写真9-5）（写真9-6）（写真9-7）。

写真9-5　国鉄クモハ1520形。1945年に可部線に入った元鶴見臨港鉄道の電車。江本廣一撮影　1960年1月　横川

写真9-6　国鉄クモハ12形。可部線は国鉄標準の電車に置き換えられた。江本廣一撮影　1960年1月　横川

写真9-7　国鉄105系。国鉄が地方ローカル線用に製造した安普請ながら大型の電車。写真は103系の改造車。2009年4月撮影　上八木～中島

写真9-8　JR西日本227系の入った可部線。広島地区のJR電車は転換クロスシートの豪華電車に統一された。
2017年9月撮影　上八木〜中島

　一方、国鉄は買収直後から可部より先の線区の建設を始めます。1948年には布（ぬの）まで13.5キロが非電化で開通し、小さな蒸気機関車（230形,後にC11形）が客車と貨車とを牽いていました。この延伸は1969年に可部から46キロ先の三段峡まで開通してディーゼルカーが運行し、さらにその先の工事体制が組まれていましたが、収支がバランスする見込みがないという理由で1980年に延伸を停止してJR西日本に引き継がれました。2003年には可部から先が一気に廃止され、電車区間だけが残ります。車両は呉線などと共通に使われる国鉄時代のローカル線用の車両に置き換えられました。

　この頃は沿線を並行するバスが優勢で、市内の盛り場に直行するバスがすでに昼間約15分間隔の電車よりも頻繁に走っており、電車は魅力アップが必要になっていました。

　21世紀になって車両の入れ替えが始まります。広島地区の電車がすべて豪華な転換クロスシートの新車227系に置き換えられたのは2016年でした（写真9-8）。

　一方、可部から先の廃止は可部の町に不満をもたらしました。可部駅は街の南のはずれにあったので街の中心から鉄道が消えてしまったのです。復活は新線開業と同じ扱いになるので規程が厳しく、実現は難航したようですが、2017年に可部から新興住宅地に最寄りの「あき亀山」まで1.6キロが開通し、街の奥の新興住宅街の人たちにも便利になりました。非電化線時代の「安芸亀山」駅は可部から6.6キロ先で、全く別の場所でしたので、地元民でない小生などは少し戸惑ったものでした。

　今はすべての電車が広島駅まで直通します。また、横川で広電に乗り換えることができます。これからのバスとの競争には興味がありますね。

（2）アストラムは広電に直通できるか

　1994年に可部線に新駅「大町」が開業しました。新しく開通した新交通システム「アストラムライン」（廣島新交通1号線）との接続駅ができたのでした。

　アストラムラインは広島市の北西の丘陵地帯に生まれた大規模な住宅団地と都心とを結ぶ足として設置されたもので、専用のコンクリート製の走行路の上をゴムタイヤで走行する、「新交通システム」と呼ばれる電車です。路面電車との相違は公道ではなく高架又は地上の専用軌道を走ることで、アストラムラインでは都心部の本通りから新白島の先までは地下区間になっています（図10-1）。

　組織的には広島高速交通という名のいわゆる「第三セクタ会社」で、広島市が51％を出資し、広島電鉄も3％出資してお付き合いしています。

　「新交通システム」には世界的には実に多種多様の方式がありますが、わが国では日本交通計画協会が発表した「標準型新交通システム」という方式が普及しています。アストラムラインも標準型で作られています。

　車両は中央にドアを持つ4輪単車で、6両編成となっています。車輪のゴムタイヤが踏むレールはプラスチックでコーティングされたコンクリートの平面です。

　駆動はリニアモータ形式ですので、左右のレールの間に鉄板のリアクションプレートが設けられています。

　車輪のすぐ外側の高さ30センチくらいのところに「案内バー」と呼ばれる横棒が設けられ、これが車両のかじ取りをします。地上の両側に垂直の壁状の「案内レール」があり、これが案内バーを押したり（ポイントでは引いたり）して車輪の向きを変えるわけです。

　電気方式は直流750ボルトで、案内レールの上部に＋、－2本のレールが設けられ、車両のコレクタシューが接触して集電します（写真10-1）（図10-2）（写真10-2）。

　「標準型新交通システム」には東京のゆりかもめ、日暮里・舎人ライナー、横浜のシーサイドライン、神戸の六甲ライナーのお仲間がありますが、他が無人運転なのに対して広島は運転士の乗務するワンマン列車です。

図10-1　アストラムラインの路線図と延長計画線。住宅地の西南部から西広島への延長計画が具体化している。

写真10-1　アストラムラインの列車。
「ひろしま鉄道大集合」、広島県立歴史博物館　展示図録33号（2005）

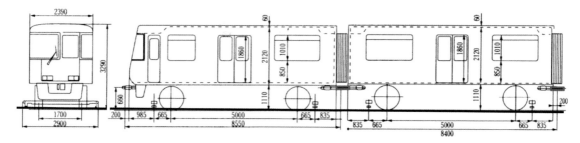

図10-2　アストラムラインの先頭車と中間車。中央にドアを持つ車両が6両編成を組んでいる。
国立公文書館所蔵

写真10-2　アストラムラインの線路とポイント。ポイントでは地上から案内バーを動かして進行方向を制御する。
2009年4月撮影　大町

「新交通システム」を導入するメリットは地下鉄より安価で、路面電車より輸送力が大きいことと説明されていますが、筆者は以前から、特に後者の議論には疑問がありました。確かに従来の日本の13メートル程度の路面電車の輸送力は小さいのですが、広電のグリーンムーバーを見れば思い半ばに尽きるように、今では路面電車は多数の車体を連ねたLRT、「路面電車列車」が常識なのです。

　アストラムラインの6両編成は長さ約50メートルですが、欧州の都市には6車体、7車体を連ねた長さ40メートル以上の超低床車が当たり前に走っています。例えば、ブダペスト(ハンガリー)に導入されたジーメンスのコンビーノの後継種「コンビーノプラス」は6車体で約54メートルあります(既出写真8-6)。

　さらに、欧米ではこうした固定編成を2編成、3編成と連結するのも多数の例が見られます。広電の5200形(5車体)と1000形(3車体)を連結すると約49メートル。アストラムラインの6両編成と良い勝負になります(図10-3)。

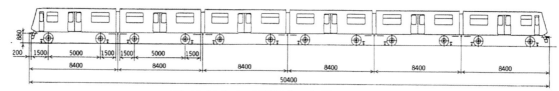

アストラムの6両編成　全長50.4メートル

ドレスデン市電(ドイツ)の7車体の超低床車　全長41.02メートル

広島電鉄の5200と1000を連結　全長49メートル

図10-3　アストラムラインと現代の路面電車の比較。現代のLRTの輸送力はアストラムに引けをとらない。
アストラム：広島電鉄図面
ドレスデン市電：Die Geschichte der Strassenbahn zu Dresden von 1872 bis 2007 (DVB, 2007)

　ここで妄想を展開してみましょう。こうした思考はアマチュアの鉄道ファンの特権なのですから。

　アストラムラインが延長されて西広島に来ると、多くの通勤客は広電、バス、JRに乗り換えると思います。それならアストラムラインそのものを都心に直通させるのが自然です。

　そのルートの候補になりそうなのが西広島から平和大通りを東へ行くルートで、実際にここにアストラムラインなどを通す案が20世紀末期に議論されました。

　アストラムラインを延長する案は広島市が提案したもので、平和大通りを美川町まで東進して左折し、八丁堀を経て右折して広島駅に至るというものです。広電とは逆方向から広島駅前に入ります。地下を通す案と高架橋による案とが示されました。

　これに対して広島電鉄が提案したのは平和大通りに路面電車を通す案で、白神社交差点で宇品線に北向き、南向きの両方に合流し、広島駅及び広島港に至るルートです。宮島線の紙屋町～西広島間をこのルートに導いてスピードアップしようという意図が見えました。

　これらとは別に、市民有志からなる団体「路面電車を考える会」が提案した案は、平和大通りをさらに東進して富士見町に至り、ここから駅前通りに入ってJR広島駅にほぼ直角に到達するというもので、欧州のLRTを念頭に置いた新型の路面電車を想定していました。

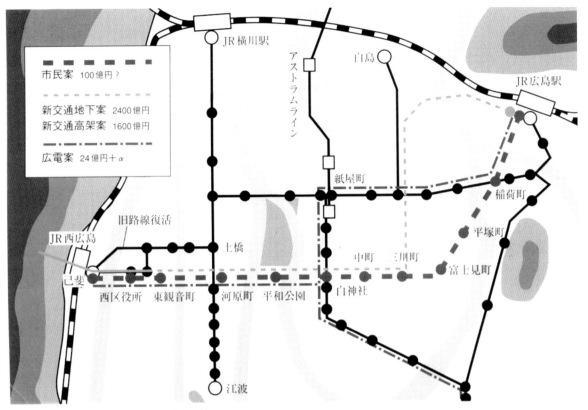

図10-4　平和大通りルートの4つの案の比較
広島市の案：アストラムラインを地下線または高架線で延長し、西回りで広島駅に至る。
広島電鉄の案：路面電車を延長し、宮島線のバイパスとする。「路面電車を考える会」の案：新型路面電車（LRT）として最短距離で広島駅に至る。
日本路面電車同好会中国支部（協力）：「保存版 広島のチンチン電車」、郷土出版社

　広島電鉄はその後にドイツ製の5車体連接車の超低床電車5000形を導入して世界水準のLRTへの脱皮をはかりましたから、この市民有志の案は時代を先取りしていたといえます。市民有志はそれぞれの案のコストや環境への影響も議論し、地下案はお金がかかり過ぎるし高架案は道路の環境も劣化させると指摘していました（図10-4）。

　確かに、今の広島の街の問題点は広電の走る相生通りに公共交通が集中し過ぎていることです。バス路線も多くがこの通りに来るので、ラッシュ時間には1回の青信号でバス10台を通さなければならないという状況です。電車の一部を平和大通りに流すのは理にかなっています。

　しかし、東京や大阪の住人なら「地下鉄はだめ！」と言いたいと思います。建設のコストが飛躍的に高くなるのもさることながら、新参の地下鉄のトンネルは既存の地下埋設物を避けるため深くなり、エスカレータでの昇り降りが非常に厄介なのです。地上の路面電車のない巨大都市の住人は日夜これを我慢していますが、地上から気軽にアクセスできる広電に慣れた広島市民から

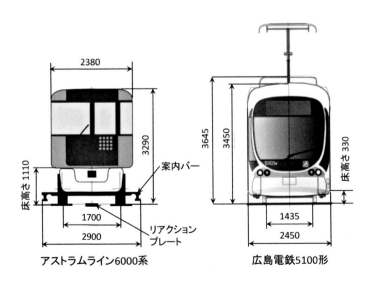

図10-5　アストラムラインと広電の超低床車の大きさの比較
アストラムラインの車両は広電の超低床車よりわずかに小さい。アストラムライン6000系：広島新交通ホームページ。広島電鉄5100系：広島電鉄新車説明資料

はブーイングが出そうな気がします。

　一方、高架線を設けると下の街並みの雰囲気が貧相になるのは東京の三軒茶屋などで体験しています。市のルート案では縮景園の近くを通りそうですが、あの都心とは思えない閑静な雰囲気を損なうのなら歓迎できません。

　そこで、筆者は「路面電車を考える会」の案を支持し、さらに進んで、平和大通りに新設される路面線に広電とアストラムの両者を走らせる可能性を考えたいと思うのです。路面区間の線路はもちろん広電の規格で作ることを想定します。

　車体断面の寸法はアストラムの車両が広電よりわずかに小さいので広電規格の路面線路への乗り入れは可能です。（図10-5）。

　アストラムの線路は基本的に平面で、左右のタイヤの間隔は1700ミリですので、1435ミリ軌間の広電の線路との共存は可能です。リニアモータのリアクションプレートも地表とツライチで、また交差点などでは少々切れても問題がないので邪魔にはなりません。

　アストラムへの給電がやや難問です。十側は折りたたむと屋根とツライチになってトンネルの天井をクリアできる車体とパンタグラフを用い、一側は直径20センチくらいの軽い車輪をレールに下ろして接触させることになりましょうか。

　電圧はアストラムラインが750ボルト、広電が600ボルトです。車両を複電圧切り替えとするのは可能ですが、ここは広電が、IEC（国際電気標準連合）で推奨されている750ボルトに昇圧するのがベストでしょう。大阪メトロは開通当初から750ボルトでした。箱根登山鉄道はすでに600ボルトから750ボルトに昇圧しており、また東京メトロの600ボルトの銀座線、丸ノ内線も運行安定性の向上のため750ボルト化の計画があると聞きます。

　アストラムラインの車両の案内バーは路面走行には何とも邪魔です。また壁状の案内レールは路面線では設置不可能です。さらに、あの構造では華奢に過ぎて速度は時速70キロ程度が限度のように思われます。

　これに比べ、広電の超低床車はすでに時速80キロの性能を保持しており、また米国の多くのLRTは郊外に出ると時速88キロ（自動車専用道路「フリーウェイ」の制限速度）で巡航します。

　ここはハイテクを使うべきでしょう。最近の自動車では道路上の車線を読み取って映像認識し、自動走行する技術が実用化されています。これを使ってリアクションプレートの縁を認識してたどるのは容易な技術と思われます。こ

写真10-3　ロスアンジェルス（米国）のブルーラインの路面区間の停留所。路面との間にスロープを設けている。1996年11月撮影

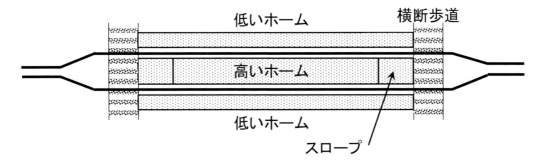

図10-6　停留所に高いホームと低いホームを併設する案

れで案内バーと案内レールが廃止できます。

　更に、これはポイントの改良につながります。リアクションプレートの縁に相当する仮想線上にLEDを並べ、進むべきルートのLEDを光らせれば車両はこれを認識してたどることができます。鉄道屋さんの夢だった「機械的な運動部分が全くないポイント」が実現できるわけです。アストラムラインは既存の区間もこれに統一する価値がありそうです。

　最大の難問が残りました。プラットホームの高さです。広電の超低床車はレール面上33センチですが、アストラムの車両の床の高さは1.11メートルとJRのフルサイズの電車と同じです。

　アストラムの車両の左右の車輪の中心間隔は1.7メートルですから、その間に床を沈めた超低床構造は不可能ではありません。しかし、そうすると既存の駅の高いホームとの関係が問題になります。路面区間のプラットホームを高くするのが自然でしょう。

　米国のLRTには、通常の高さの床を持つ電車が路面区間を走る例がいくつか見られます。路面区間では路上に高いホームを設け、路面とはスロープでつないでいます（写真10-3）。

　アストラムラインの駅は線路の間に島式ホームが置かれ、広電は両側に相対式ホームを置いています。両者が来る停留所は中央に高い島式ホームとスロープを、両側に低い相対式ホームを置くのがよいように思われます。高いホームはスロープ以外からは出入りできないので、スロープの上端に切符のチェックやICカードの処理などを行う機械を置くことができます。横断歩道から見えるところに「次の電車はこちらに来ます」という案内表示が必要になりますね（図10-6）。

　こうして広電のルートが相生通り線、平和大通り線に分割されると停留所に来る電車が減りま

写真10-4　クラクフ（ポーランド）の交差点の停留所。バスの絵しか描いてないが線路と架線で路面電車も来るのがわかる。路線番号1桁と2桁は路面電車、3桁は路線バス。黒は深夜便。上向き矢印の系統はこの先の交差点を直進、左向き矢印は左折。1996年11月撮影

写真10-7　広電のJR広島駅乗り入れ計画。
稲荷町から駅前通りに入り、高架線になってJR広島駅に入る。
国土交通省プレスリリース　2019年11月27日

す。そこで、停留所部分だけ路線バスを線路に乗り入れ、乗り換えを便利にすることが考えられます。

　外国では停留所の安全地帯を路面電車とバスが共用するのは常識で、行く先がわかりやすく、乗り換えが便利になります(写真10-4)。

　先日、あるセミナーの討論でさらに進んだアイデアが出されました。市電を長距離バスへの「動く歩道」に使えないかという意見です。

　例えば、広島駅から市電に乗って本川町の停留所で降りると、そのあとに山口大学、徳山駅行の中距離バス(広島バスセンター発で広島駅には来ません)がやってきて乗り換えられる、というもので、バスの行先によって乗り換える停留所を振り分ければ、バスセンターでの乗り場探しや混雑が回避できて便利になります。

　2019年11月に、広電がJR広島駅の2階のコンコースに乗り入れる工事が認可になりました。広電は稲荷町で右折して駅前通りに入り、猿猴橋の手前から高架線になってJR在来線の改札口と同じ高さの4線のターミナルに入ります。前述の市民有志の提案の一部が最良の形で実現し、JRとの乗換えが飛躍的に便利になるわけです(図10-7)　(図10-8)。

　広電の超低床車がいよいよ真価を発揮するわけです。前述の、広電をバスに乗り換えるための「動く歩道」として使うアイデアも、ますます価値が高くなりますね。

　アストラムラインが広島駅まで来るとしたら、そのための高いホームをどこに置きましょうか。1本の線路敷を伸ばして新幹線改札口の前あたりに専用のホームを置くのが面白いですね。線路を20メートル程度の坂で1.1メートル下げて、ホームとコンコースの床とをツライチにするのがよいと思います。

　広電を中核とした広島の街の交通の改善、まだまだいろいろなアイデアがありそうです。

写真10-8　広電のJR広島駅乗り入れのイメージ。JR在来線の改札口の前に4線のターミナルが置かれる。
国土交通省プレスリリース　2019年11月27日

アネックス

広島電鉄の電車の技術

東京都電荒川線の8800形電車。電車の床は旧来の路面電車と同じく高い。停留所には高いホームを設置している。
2010年撮影　荒川車庫前

本文で電車の専門技術に属する言葉がいくつも出てきました。広島電鉄の採用してきた技術は極めて多彩で、これを調べると電車の技術の歴史が広汎に理解できます。ここではこうした技術の流れをたどることにしましょう。

A1　電鉄の軌間（ゲージ）

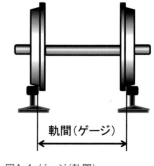

図A-1　ゲージ（軌間）

鉄道に興味をもって最初に覚える数字は車両の連結両数や形式番号でしょうが、次に覚えるのは左右のレールの内壁の間隔、すなわち軌間（ゲージ）ではないでしょうか。広島電鉄のゲージは1435ミリ、並行するJR山陽線のゲージは1067ミリというのはよく知られていると思います（図A-1）。

電車以前の馬車鉄道の時代、ゲージはその街の馬車工場の都合でかなり恣意的に決められていました。電車の時代になって著名な大メーカの製品が広く使われるようになるとゲージが整理され、米国の電車では1435ミリゲージが主流になりましたが、PCCカーが量産された1930年代以降でもルイスビル（1524ミリ）、フィラデルフィア（1581ミリ）、ピッツバーグ（1588ミリ）、ボルチモア（1638ミリ）などに半端なゲージの市電が残っていました。当初のロスアンゼルス（国鉄在来線と同じ1067ミリ）も米国では半端なゲージといえます。

わが国では明治時代から国鉄や大規模な私鉄が1067ミリゲージに統一されていたので多くの電車もこれに倣ったのですが、東京都電だけは前身の馬車鉄道が外国から輸入したシステムのため1372ミリゲージで開通し、そのまま電車化されました。東日本ではその影響を受けて横浜市電、函館市電などがこのゲージを用いました（実はこのゲージは世界的に珍しく、その起源はよくわかっておりません）。

国際標準となった1435ミリゲージをわが国で最初に採用した鉄道は神奈川県の大師電鉄（今の京浜急行）でしたが、広汎にこれを使ったのは大阪、京都、神戸といった西日本の大都市の市電でした。東京と違って馬車鉄道の前歴がなく最初から電車で開業したので、米国の電車に普及していたこのゲージが有利だったためと思われます。阪神、京阪、阪急などの郊外電車もこれを採用しました。

そして広電も、当初から国際標準の1435ミリゲージを採用してネットワークを伸ばしました。これは英断というべきで、欧州の電車も1435ミリゲージと1000ミリゲージにまとまったので欧州製の電車をスムーズに受け入れられるようになっています。

A2　単車、ボギー車、連接車

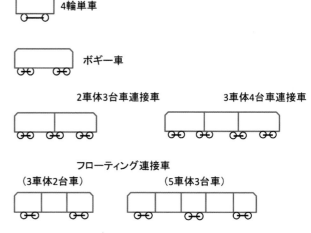

図A-2　単車、ボギー車、連接車

わが国の鉄道車両はほとんどボギー車ばかりになりましたが、実は鉄道車両の車体と台車の組み合わせには単車、ボギー車、連接車といった種類があります。

客車、貨車、電車、いずれの鉄道車両も馬車や人車（トロッコ）などを出発点とし、当初は4つの車輪を車体に固定した単車から始まりました。そして輸送量の増加とともに車輌の大型化が必要になり、いろいろの構成が工夫されます。

広電で使われてきた構成を観察してみましょう（図A-2）。

手押し車や乳母車は車体に4つの車輪を独立に取り付けていますが、馬車のような大型の車両には左右の車輪を車軸でつないだ構造が用いられてきました。この構成は4輪（2軸）単車と呼ばれ、構造が簡単なこと、2個のモータを用いてすべての車軸を駆動軸にすると牽引力や登坂能力が優れていることなどの特徴があり、線路の質が良い欧州の鉄道ではこれが定番となります。広電も戦前から比較的大型の鋼鉄製の単車を多数用いていました。

一般に、車両による道路や線路への負担は「軸重」、すなわち1本の軸（2つの車輪）が支える重量で評価されます。

4輪（2軸）の単車はこの点で不利で、車体を大型化すると軸重が大きくなり、車体や地上設備（鉄道車輌なら線路）の強度に問題が起こります。また、車体を安定に支えるため軸の間隔（軸距、ホイルベース）を大きくすると、急なカーブを曲がるのに問題が起こります。

これを解決したのがボギー車でした。2台の小さな4輪（2軸）単車に大きな車体を載せた構造で、単車に相当する車輪を持つ部分を台車と呼びます。単純な構造で4つの車軸に重量を分散させることができ、また台車が車体に対して回転するので急なカーブを曲がれる特徴があり、特に急速に路線を伸ばしたため線路の質が低かった米国の鉄道で広く用いられ、世界に波及しました。広電でも戦後の電車はボギー車に進化します（図A-3）。

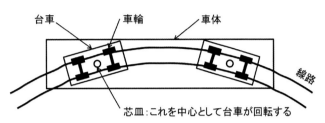

図A-3　ボギー車の概念

ボギー車と同じく広く使われているのがボギー車の変形といえる連接車です。基本形態は2車体3台車の連接車で、2つのボギー車が片方の台車を共有するような構成になっています。2両の単車を連結するよりは車軸が多いので重量が分散され、また急なカーブにも対処できるので広く使われました。さらに中間車体を加えて3車体4台車、4車体5台車・・と長大化できます。広電では宮島線直通車に広く採用しました（図A-4）。

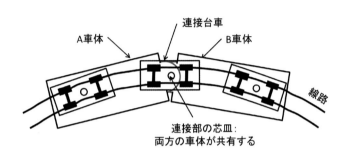

図A-4　2車体3台車の連接車の概念

フルサイズ鉄道では欧州が超高速列車に長大な連接車を使っており、わが国では小田急電鉄が特急ロマンスカーに多数用いています。高速走行で安定性がよく脱線しにくいためといわれます。

一方、線路の質が良い欧州の路面電車では、車輪のない車体を2両の単車が支えるフローティング構成の連接車が用いられてきました。台車のない車体は超低床化しやすいのでこれが部分超低床車に用いられるようになり、さらに改良された全超低床車が普及しました。広電の超低床車もこの構造をとっています。

A3　トロリーポール、ビューゲル、パンタグラフ

電車と電気機関車の大きな特徴は、空中又は地上から電気を取り入れるための集電器（コレクタ）を備えていることで、特に架線に接触して集電するコレクタは非常に目立ちます。

初期の電車のシンボルはコレクタに用いられたトロリーポールでした。長い棒の先に架線と接するトロリーホイルを持つこのコレクタは特に米国で発達し、電車のシンボルとなりました。広電も黎明期からこれを用いていました。

電気を取り入れるには＋、－の2極に対応する必要があり、トロリーバスは2本のトロリー

写真A-1　集電装置その1 トロリーポール　西鉄福岡市内線　江本廣一撮影

ポールを備えています。これに比べ、電車は片側（－側）に車輪とレールの接触を用いることができるので、早い時期からコレクタは＋側のみで使用しており、そのためトロリーポールは1本使用が標準となりました（写真A-1）。

　わが国ではトロリーポールは架線から外れやすく高速運行には向かないとされ、淘汰されてしまいましたが、実はこれは全くの認識不足です。米国ではたゆみなく改良され、トロリーホイルではなく溝形のスライダを用いるなどの技術で実用性が上がりました。1940年頃には常用速度が時速140キロ、テスト走行では時速180キロを記録した特急電車がトロリーポールで走っていました。PCCカーも米国ではほとんどがトロリーポールで、今でも問題なく営業運転しています。

　ビューゲルは平板状の枠を用いて架線にスライダを接触させるもので、わが国ではトロリーポールに代わるものという位置づけでした。実際、乗務員の労力は軽減されています（写真A-2）。

　ビューゲルは欧州で実用化されたもので、その歴史はトロリーポールと同じくらい古く、わが国でも20世紀初頭にドイツの技術で開通した江ノ電などには使われましたが、後にトロリーポールに交換したという歴史があります。

　広電はビューゲルの導入に熱心で、1940年代初頭からテストを重ね、戦時中の1944年に全線で自社開発のビューゲルの使用を開始しました。全面的な使用はわが国で最初だったといわれます。トロリーポールは細かい離線に伴い火花が発生し、これが敵の攻撃の目標になりやすいという軍事上の理由だったようです。戦後の1950年頃から標準的な製品が生産され、他の路面電車でもトロリーポールからビューゲルに変わりました。

写真A-3　集電装置その3 Zパンタグラフ。広電1101号　江本廣一撮影

しかしビューゲルでも火花は皆無にはなりません。ビューゲルは架線の押上げ力が垂直ではないので、進行方向に対して「なびく」ように後方に傾いて動作し、起終点で折り返すときには架線を押し上げて向きを変えます。このときにバウンドして離線し、強い火花を発生するのが一般的でした。

　1950年代中期に実用化されたZパンタグラフはビューゲルを折り曲げたような形状で、1つの関節を持っています。これの特徴は架線を押し上げる力がほぼ垂直に作用し、また架線の高さによる変化も少ないことで、火花の発生が少なくなりました。特に起終点での反転がないのは大きな改良とされました（写真A-3）。

　おなじみのひし形のパンタグラフは、米国のフルサイズ鉄道の電気機関車などで19世紀と20世紀との変わり目くらいから使われ、また欧州の路面電車でも定番になっていました。前後対称の構成で、関節を効果的に使って接触の安定性を保つ構造をもち、架線の条件が良ければ接触が極めて安定になります。実は「パンタグラフ」の語源は4本のリンクをひし形に組んだ製図用の道具なのですが、電車のパンタグラフは五角形に見えますね。

　わが国の路面電車では戦後から少しずつ普及し、新性能電車の導入の頃から広く使われるようになりました（写真A-4）。

　広電では郊外電車の宮島線での採用が先行し、市内線には551号から用いられるようになります。屋根上のヤグラに軽快なパンタグラフを載せた姿が特徴でした。

　枠組を単純な2本の棒に置き換えたシングルアームパンタグラフは軽量で架線への追随性が良く、1950年代から欧州の電気機関車や電車に広く使われるようになりました。特に架線の高さの大きな変化に対応しなければならない国際列車や路面電車に普及します。わが国では欧州の会社の特許が切れてから広く使われるようになりました（写真A-5）。

　広電では1980年の「軽快電車」3500形がシングルアームパンタグラフの先駆となり、その後の新車に普及していきました。

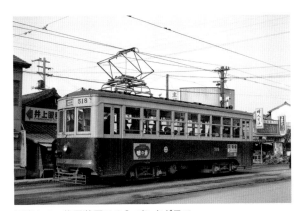

写真A-4　集電装置その3　パンタグラフ
西鉄福岡市内線　江本廣一撮影

写真A-5　集電装置その4　シングルアームパンタグラフ
富山地方鉄道

A4　昔の電車の台車と駆動装置

　広電が開通した20世紀初頭、電車はもちろん4輪（2軸）単車が主流でしたが、その台車は貨車などに比べると乗り心地を重視した複雑な構造を持っていました。当時世界中の電車を制覇し、広電最初のA車、B車にも使われた

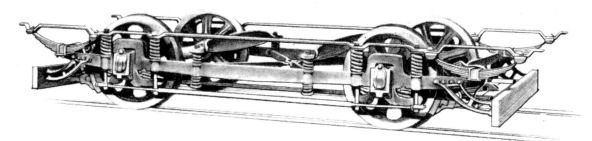

図A-5　2軸台車ブリル21E台車　W.D.M:ddleton:"The time of the Trolley",Golden West Books（1987）

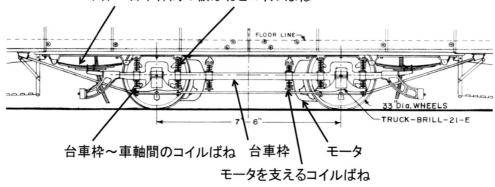

車体〜台車枠間の板ばねとコイルばね

台車枠〜車軸間のコイルばね　台車枠　モータ

モータを支えるコイルばね

図A-6　2軸台車ブリル21E台車説明（ボルチモア市電）

米国J. G. ブリル社の製品を見てみましょう（図A-5）（図A-6）。

　鋼鉄製の台車枠がコイルばねを介して車軸、すなわち車輪に乗っています。その台車枠に車体が乗っていますが、それらの間には別のコイルばねと板ばね（リーフスプリング）があります。コイルばねだけだと特定の周波数で共振してふわふわしますので、板ばねの板同士の摩擦抵抗でこれを押さえているのです。

　同じ構造の台車は当時いくつかの会社で製造していましたが、鉄材を組み合わせてリベットやボルトで締め付ける組立構造の台車枠が主流でした。ところがJ. G. ブリル社はフィラデルフィアの工場に巨大な鍛造機械を設置し、一体構造の台車枠を量産したのです。的確に

These Builders "HAVE TO" or be LEFT

The first mentioned builder is replacing his trucks in a number of places.

The Superintendent of a Philadelphia road says:

"Out of 75 of these Composite Trucks there is not an original bolt nor rivet left."

SOLID FORGED SIDE FRAME.

GET YOUR GUARANTEE
IF YOU MUST USE PATCH WORK.

Solid Forged Frames
CALL FOR
No Guarantees

THEY NEED NO REPAIRS.

図A-7　ブリル21E台車の一体フレームの広告
大賀寿郎：「路面電車発展史」、戒光祥出版（2016）

熱処理された強靭な材料で作られ、リベットやボルトのゆるみの心配がないブリルの台車枠を持つ台車は世界中の電車に使われました。20世紀初頭の頃、米国、日本、ニュージーランド、英国、フランス・・の路面電車の床下をのぞくと台車はみな同じ形、という時代が続いたのです（図A-7）。

　ボギー車の時代になってもブリル社の製品は広く使われます。基本的な構成を単車の台車と同様として、急カーブを曲がりやすいように2つの軸の間隔（ホイルベース）をなるべく小さくし、そのため2つのモータを車軸の間ではなく外側に搭載した台車が多くの電鉄に供給されました。細部の構造には多種があり、車体と台車枠との間のばね（枕ばね）に板ばねとコイルばねの組み合わせのほか、やや重い車体の場合は2組の板バネを上下に重ねた構造とするなどの変形がありました（図A-8）（図A-9）。

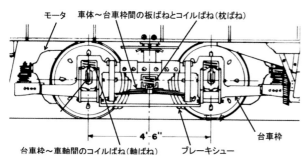

モータ　車体〜台車枠間の板ばねとコイルばね（枕ばね）

台車枠〜車軸間のコイルばね（軸ばね）　ブレーキシュー　台車枠

図A-8　ブリル76E台車説明図（ボルチモア市電）

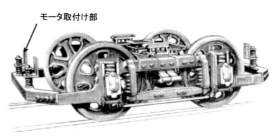

モータ取付け部

図A-9　ブリル76E台車（モータ未搭載）

電車が大型に、高速度になって台車の構造も進化しました。米国で質の低い線路を走らなければならない初期の蒸気機関車の先台車として用いられていた釣合梁（イコライザ）が導入されたのです。前後の軸受けの間に鉄製のイコライザを渡し、軸ばねをやや内側でイコライザに乗せると、片方の車輪が線路から突き上げられたときに反対側の車輪にも「てこ」の原理で下向きの力が働いてショックが分散されます。この構造で著名になったのが蒸気機関車の製造で一家をなしていた米国ボールドウィン社でした。この会社は電車の台車に関しては鷹揚で、この構造を模倣した製品の製造を認めましたので、わが国のメーカが「ボールドウィン形」と呼ばれる台車を多数製造します。広電では宮島線の1090形の改造後の姿に見ることができました（図A-10）。

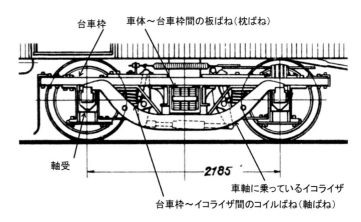

図A-10　ボールドウィン形台車南海旧貫通形

　ブリル社もイコライザを持つ台車で名設計を出します。米国Master Car-Builders Associationの基準で作られたMCB形と呼ばれる台車は意欲作で、わが国でもライセンス生産品（台車枠は鍛造ではなく鋳造でしたが）も含めて多くの電車に使われました。筆者には特に高速度での安定性が優れていた記憶があります。広電では宮島線の1030形と阪急から来た1070形に使われていました（図A-11）。

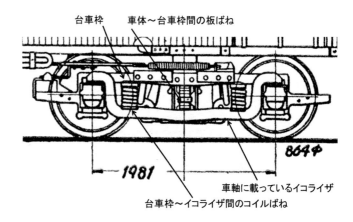

図A-11　ブリルMCB台車阪急500形

　こうした台車にモータを取り付けて駆動力を伝える構造には、実はすべて同じ技術が使われていました。

　電車や電気機関車を走らせるモータは重いので、頑丈な台車枠に取り付けられます。しかし、台車枠と車軸、車輪の間には軸ばねがあり、線路の凸凹を吸収するために軸ばねが伸縮して台車枠と車軸の位置関係が変化します。この動きを許しながら大きな駆動力を伝える機構をどう作ればよいかは初期の電車技術者を悩ませた課題でした。

　この難問を解決したのが、米国人フランク・ジュリアン・スプレイグでした。彼は1888年から営業したリッチモンドの電車に、モータの一方をばねを介して台車枠に載せ、いま一方を専用の軸受けにより車軸に載せて、車軸の上下につれてモータも動いて歯車の噛み合わせに影響を与えない巧妙な構造を導入しました。これは吊掛式（つりかけしき：ノーズサスペンション）と呼ばれ、その後世界中の電車や電気機関車に広く普及します。

　我が国でも1950年代後半までに製造された電車や電気機関車はほとんど全てがこの方式の動力伝達システムを持っていました。広電でも超低床車を導入するまではこれが主流でした。また、我が国の電気機関車はほとんど貨物列車専用で、ヨーロッパの電気機関車のような高速運転をしないので、今でも一部を除いてこの古典的な構造が使われています（図A-12）。

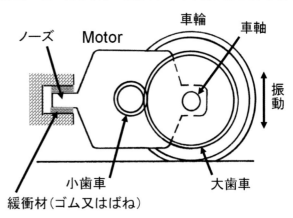

図A-12　ブリルMCB台車阪急500形

A5　新性能電車の台車と駆動装置：旧型台車と吊掛式からの脱却

　1950年代、やっと戦後の混乱が落ち着いたころ、わが国電車の技術に革命的な変化が起こります。主役は大手私鉄とメーカのチームで、力を発揮したのは職を失った飛行機のエンジニア達でした。その対象は揺れの少ない台車と合理的な駆動機構の実現でした。

　まず台車の枕ばねの板ばねをやめます。板ばねは板同士の摩擦が機械抵抗となって乗り心地を安定にするのですが、その摩擦の量のコントロールが困難だったのです。これに替えてコイルばねと、自動車のショックアブソーバとして技術が確立されていた流体の流れ抵抗を利用するオイルダンパとの組合わせが用いられます。広電では1955年に551号が住友金属の「オールコイル、オイルダンパ方式」の台車を採用しました。台車枠は同社得意の鋳鋼製でした。また、後続の552以降も同形の台車を使いますが、後述のように駆動方式が異なるので名前は変わります（図A-13）。

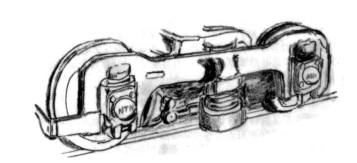

図A-13　住友金属FS69台車広電551号（1955年）
鈴木光雄：「住友金属の台車」

　実は、万能のように見えた吊掛式の駆動機構にも問題点がありました。モータの重さの半分が車軸にかかっているので、線路からの衝撃に耐えるためそれなりの強度が必要で、重い頑丈なモータを使う必要があったのです。これは高速走行には障害になります。

　軸ばねの上に乗った台車枠は軸ばねにより衝撃が緩和されます。これに小型軽量のモータを取り付け、車軸との間の動きを吸収する機構を通して動力を伝達する試みが米国やヨーロッパで行われていました。

　1950年代から我が国の大手私鉄とメーカのチームが試行錯誤を繰り返し、スリムで要領の良い設計を生み出します。モータを台車枠に枕木方向に固定して回転を歯車で伝え、モータと歯車との間に「可とう（撓）継手」をおいて台車枠と車軸との間の動きを吸収するのです。

　551号に使われたのは、東洋電機の実用化した「中空軸平行カルダン駆動」でした。

　歯車を収めたケースは吊掛け構造で装着します。モータは台車枠に固定しますが、その軸は中空で、中に中継軸（カルダン軸）を通します（図A-14）。

　中継軸は相手側の軸それぞれと「たわみ板」でつなぎます。これは中の空いた四角形の板ばねで、軸の端につけられたスパイダという棒を対角線状に取り付けます。こうすると軸同士が傾きながら回転できるのでモータと歯車ケースの間のずれを吸収できるわけです（図A-15）。

　こうした構成は当時各社からいろいろのこの構成が提案され、これを採用した高性能の電車をまとめて「新性能電車」と呼びます。中でも中空軸平行カルダン駆動は広く受け入れられ、その後国鉄在来線の電車の定番になるのですが、広電市内線では

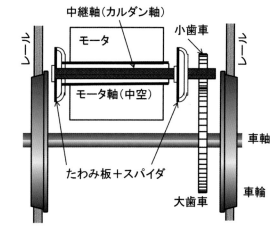

図A-14　中空軸平行カルダン駆動

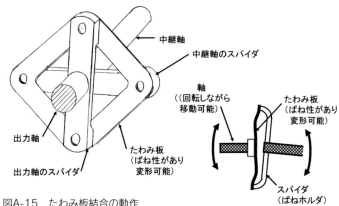

図A-15　たわみ板結合の動作

まだなじめなかったらしく、552号以降は吊掛け式に戻ってしまい、後に551号もこれに改造されました（写真A-7）。

　宮島線にも新しい台車、駆動機構が進出しました。1957年に導入された1061号は日本車両の「オールコイル、オイルダンパ」の台車と東洋電機の平行カルダン駆動を用いた「新性能電車」でした。台車枠が鋳鋼でなく鋼板プレス製だったのが特徴でした。ただ1両に終わったのが残念です（写真A-8）。

A6　市内線・宮島線直通電車の台車と駆動装置：新性能電車の進化

　1960年代、わが国の高速電車の世界は「新性能電車」をさらにブラッシュアップし、ついに世界最高速度の新幹線を生み出します。また、1970年代には半導体スイッチを使った新しい制御装置が花開きました。欧州の路面電車も同じように進歩し、将来のためのいろいろな技術の検討、実用化の成果が見られました。

　しかし、日本の路面電車はこれに取り残されました。路面電車廃止の掛け声のもとに運行を制約されて経営状態が悪化し、廃止された路線の車両を導入するなど「受け身」に終始せざるを得ず、思うように新技術を用いることができなかったのです。結果としてわが国の路面電車は「新性能電車」以前の旧型電車が生残り、ガラパゴス状態に陥りました。

　日本の路面で車の技術レベルを一気に欧州のレベルに引きあげようと目論んだのが、日本鉄道技術協会のもとに学識経験者、メーカ、電鉄会社が集まった「軽快電車」プロジェクトでした。成果として1980年に製造された広電の3車体連接車3500形（1編成）、長崎電軌のボギー車2000形（2両）を見ると、当時の西ドイツの電車、特にデュヴァグ社（デュッセルドルフ車両製造会社）の技術レベルを意識していたように思われます。

　駆動装置の特徴は、1台のモータを台車の中央にレール方向に置き、両側に軸を出して2つの車軸を駆動する構造で、欧州では路面電車や地下鉄に多数の例がありましたが、わが国では東急6000、国鉄の電気機関車EF80程度しか前例がありませんでした。

　車軸は2重となっており、モータと外側軸の軸受けは台車枠で支持されています。モータの回転は傘歯車によりまず外側軸に伝えられ、これが走行中の車軸の動きを吸収するリンク式の可とう継手を経て内側軸に伝えられます。可とう継手は4つのリンクと中間体を用いるもので、わが国では国鉄の電気機関車に用いられた例がありました（図A-16）（図A-17）（図A-18）。

　欧州の例ではこの可とう継手をゴム

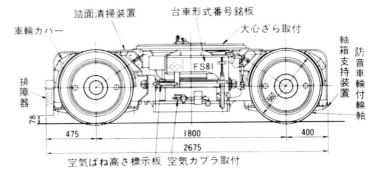

図A-16　軽快電車3500形の動力台車

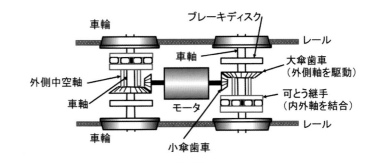

Top View
内外軸を平行リンク式可とう継手で結合
モータと小歯車の間の歯車型可とう継手は省略

図A-17　「軽快電車」3500形の1モータ2軸駆動

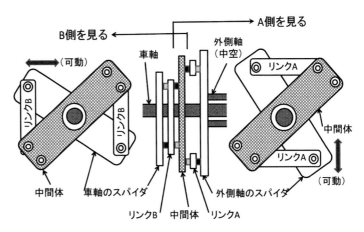

図A-18　たわみ板結合の動作

のブロックで済ませている例もあるのですが、「軽快電車」では欧州に比べて保守の悪い日本の路面電車の線路を意識したものと思われます。さらにモータと小歯車の間にも歯車式可とう継手（後述）があり、動力伝達系はかなり複雑な機構になっていました。

　「軽快電車」3500形は需要の多そうな2車体3台車で設計されたのですが、広電では宮島線には3車体4台車が必要ということで編成を拡大しました。このためモータの出力が不足して加速が悪く、残念ながら1編成のみで終わってしまいました。

　しかし、これを機会に広電の技術が脱皮したのは確かでした。このあと20世紀の終期に至るまで、広電の電車は吊掛式から脱皮して551号のように軽量なモータを台車枠に固定し、歯車ケースとの間に可とう継手を置き構成になります。ただしモータは中空軸をもつ2重軸ではなく、当たり前の一本軸になりました。可とう継手が変化したのです（図A-19）。

　1983年に市内線に導入された（新）800形の台車は歯車式の可とう継手を用いていました。これは内歯車と外歯車を組み合わせた継手を用いるもので、米国のウェスチングハウス社と傘下のナタル社とが実用化したのでWN継手と呼ばれます。また、これを用いた駆動システムを「WN駆動」と呼びます。

　わが国では三菱電機が供給元になり、近鉄、小田急などで広汎に使われ、新幹線の最初の形式（いわゆる0系）にも使われました。対抗する軸に装着された外歯車に、内歯車を刻んだ円筒の中間継手を組み合わせるもので、外歯車の歯が山形になっているので軸が回りながら相互に傾くことができます。図では略してありますが、中間継手はすっぽ抜けないように内部で両側からばねで支えられています（図A-20）。

　市内線用の800形と、翌年に登場した直通用の連接車3700形とは、よく似た外観の台車を用いていました。3500形の台車とは異なり台車枠が車輪の外側にありましたが、シェブロンゴムと呼ばれる積層ゴムの軸ばね、空気ばねの枕ばねは同じでした。ただし内蔵するモータの数は市内線用800は1つ、直通用3700は2つでした（写真図-21）。

　もう一つの相違は可とう継手でした。800形はWN継手でしたが、3700形の駆動機構は東洋電機が実用化した「中実軸平行カルダン駆動」、別名TDカルダン駆動とよばれるもので、中空軸平行カルダン駆動

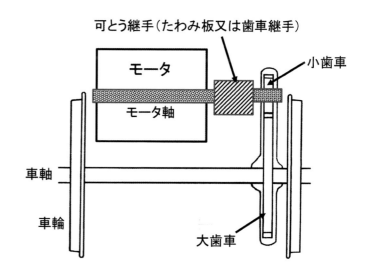

図A-19　たわみ板結合の動作

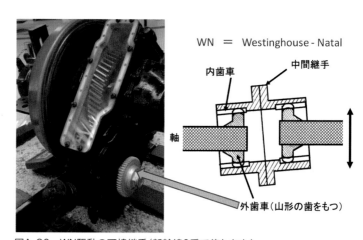

図A-20　WN駆動の可撓継手（新幹線0系で使われた）

のように中の抜けた正方形の板ばねを90度異なる位置で2つのアームで支える構造を2組用いて、アームに結合された軸が回りながら相互にたわむことができるのを利用します。TDはToyo Denkiのイニシャルといわれます（図A-22）（図A-23）。

A7　超低床車は広電の技術の大変革を導いた

　21世紀になって、広電の技術は大変革を遂げます。今ではわが国では広電は技術的に孤高の存在といって過言で

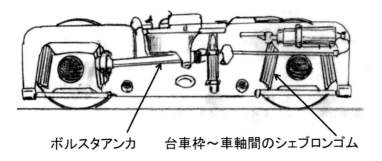

図A-21　3700形の台車FS84　鈴木光雄：「住友金属の台車」

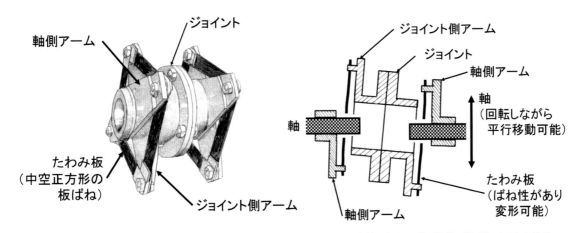

図A-22　中実軸平行カルダン駆動の板ばね式可とう継手　　図A-23　中実軸平行カルダン駆動の板ばね式可とう継手

はありません。その理由は、高性能の長大な超低床車の積極的な導入です。

　本文で述べたように、20世紀終期には欧州では超低床車の試行錯誤が整理され、安定した技術をもつ供給メーカがジーメンス社（ドイツ）、ボンバルディア社（カナダ、路面電車部門の本拠はドイツ）、アルストム社（フランス）に絞られていました。旧来の路面電車は大幅に脱皮し、LRT（Light Rail Transit）の名が定着しました。

　しかし、その駆動機構はまさに各社各様で、従来の吊掛式のような世界的な標準技術は現れませんでした。

　わが国最初の超低床車は新潟鐵工所が1997年に熊本電鉄（熊本市電）に納入した9700形でした。アドトランツ社（ボンバルディア社の鉄道部門の前身）の「ブレーメン型」の台車や動力部品を輸入して国産の車体と組み合わせた2車体連接車で、4輪単車を2両組み合わせた構成でした。

　しかし、広島電鉄は市内線、宮島線直通列車に用いることが前提となっていたので、収容力の大きな長編成であることと、速度が最高時速80キロ、常用時速60キロ以上の性能をもつが必要でした。これにかなうモデルとして広電が選定したのがジーメンス社（ドイツ）の標準型「コンビーノ」でした。広電

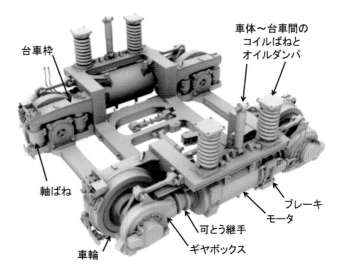

図A-24　広電5100「グリーンムーバーマックス」の動力台車

は1999年からこれの5車体3台車の連接車を輸入し、5000形「グリーンムーバー」としました。

これに続いて、細部が改良された国産モデルの5100形「グリーンムーバーマックス」が導入されました。

5100形の台車回りの構造を眺めましょう。運転台のある側の台車が動力台車、中間の台車が附随台車となっています。ボギー車ではないので台車は車体と一体ですが、間にばねとダンパが入っています。

動力台車のモータは外側のレール方向に装着され、可とう継手、歯車はすべて外側にあります。ブレーキはディスクブレーキでモータ軸に作用します。これで車輪の間に幅の広い床が通せるわけです（図A-24）（図A-25）（写真A-6）。

一方、中間車体のもつ附随台車はいたってシンプルな構成になっています。ディスクブレーキは車軸に作用します（図A-26）。

その後の3車体2台車の1000形「グリーンムーバーレックス」など、5車体3台車の「グリーンムーバーエイペックス」も同様の機構を持っており、わが国では広電独特といえる技術の世界を形成しています。

A8　100年にわたり世界の電車に使われた抵抗制御

電車の加速と減速の一部をコントロールする電気制御系の技術の変遷は、興味深い進化を遂げた歴史があります。広電も歴史が古いので、その見本のような変遷をたどりました。ここでその進歩を概観しましょう。

モータは実は発電機と同じ構造ですので、モータの軸を外部から回すと発電します（逆起電力と呼ばれます）。そのため走行中はずっと発電しており、これが架線から加えられる電圧を相殺して低くします。架線の電圧が600ボルトというような高い電圧となっているのはこの逆起電力に打ち勝つためです。

一方、停止状態から走り出すときには、最初は逆起電力がありませんので、架線の電圧が直接モータに加えられ、ガクンと急発進したりモータが焼けたりしますので、電流を制限する必要があります。

この目的で19世紀のスプレイグ以来、モータに電気抵抗器を直列に接続し、速度が上がるにつれてこれをショートする回路が使われてきました（図A-27）。

運転士がまずスイッチ1を閉じると、架線からの電流がすべての抵抗器を通してモータに流れ、電車は動き出します。速度が上がって逆起電力のために加速が鈍くなったらスイッチ2を閉じて抵抗器を1つ短絡します。これ（進段と呼びます）を繰り返して最終的にすべての抵抗器を短絡して架線の電圧を直接モータに加え

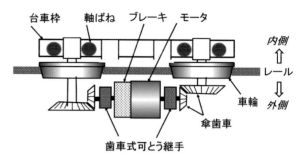

図A-25　コンピーノ（ジーメンス社）の駆動部の構造

写真A-6　広電5100「グリーンムーバーマックス」の駆動部の構造

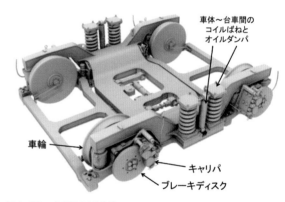

図A-26　広電5100「グリーンムーバーマックス」の附随台車

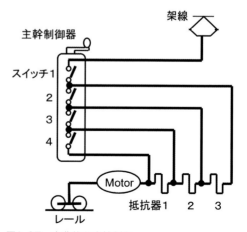

図A-27　古典的な直接制御

て巡航する、というのが普通の姿でした。

このため、運転台には巨大な楕円柱形の主幹制御器が置かれていました。上面にハンドルと刻みのマーク（ノッチと呼ばれます）があり、運転士はハンドルを回して次々にノッチを進めて抵抗器を短絡していくわけです。抵抗の制御の段数は例えば8段程度でした（写真A-7）。

こうした古典的な直接制御方式の問題点は、高電圧大電流の電気をそのまま運転台に引き込んでいることでした。

1989年に広電に転入した元ドルトムント市電の70形は、デュヴァグ社の電車に広く使われていたキーペ社のカム軸式制御器を用いていました。これは直接制御ですが、スイッチを床下に収容し、運転台からはこれを機械的に遠隔操作して進段していく方式で、高圧大電流の電気を運転台に引き込まないのが特徴です。

また、この方式では狭い運転台の制約に縛られずに多数のスイッチが使えるので、スイッチ制御の段数を増やすことができます。70形のスイッチは21段もあり、その加速や電気ブレーキの動作は驚くほどスムーズなものでした。

その代わり、本文で述べたようにこれを操作する運転台のハンドルはかなり大きく、運転操作は大運動に見えました（写真A-8）。

写真A-7　直接制御のための主幹制御器

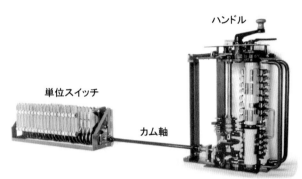

写真A-8　キーペ社製の制御装置
大賀寿郎「路面電車発展史」 戒光祥出版（2016）

運転操作を簡易にするには、これを電気的な遠隔操作にするのが良いアイデアになりますが、実はそうしたシステムは「間接制御」と呼ばれ、やはりF. J. スプレイグの手で実用化されて広汎に使われてきました。

車内に24ボルト、100ボルトといった低い電圧の電源を用意し、また走行電流のスイッチは電磁石で動作する形式（リレー）として床下に置きます。運転台の主幹制御器は低圧少電流をオン・オフしてリレーに指令電気信号を送るだけなので小型、安全になります。低電圧電源は蓄電池や、架線電圧を専用の電気抵抗器でドロップした回路から始まりましたが、モータで発電機を回す「電動発電機」が普及し、安定な電圧の電気を車内の電灯などにも供給する「補助電源」として定着しました。

この方式は更に利点があります。運転台からの指令電気信号を柔らかいジャンパ線で後の車両にも送ると、複数の車両をまとめて制御できるので「電車列車」が可能になるのです。実はこれもF. J. スプレイグの発明で「総括制御」と呼ばれ、これを用いた電車がフルサイズの鉄道でも機関車列車に代わって使われるようになりました（図A-28）。

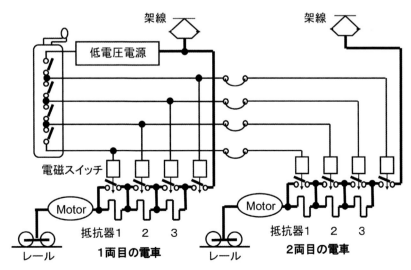

図A-28　間接総括制御電車列車を可能とした

わが国でも、国鉄電車の始祖とされる甲武鉄道の電車（1904年）は間接総括制御で、附随車を挟んだ3両編成が走っていました。広電の宮島線は1930年に導入された1030形から間接総括制御を採用し、連結運転が可能になりました。市内線では1955年の550形が最初ですが、総括制御の機能は1960年の2000形からになります。

この方式は更に進歩します。モータに流れる電流を監視し、速度の上昇とともに逆起電力のため電流が減少して規定の値になると自動的にス

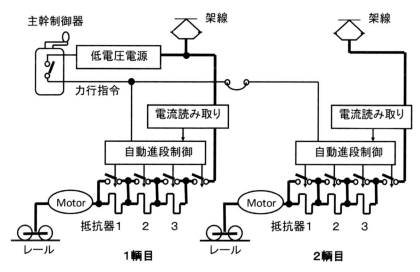

図A-29　自動進段総括制御

イッチを閉じて進段する、という機能を用いる「間接自動制御」の機構が取り入れられ、運転士の操作は格段に楽になりました（図A-29）。

実は広電の間接総括制御は早くからこの自動進段制御で、宮島線の1300形（1930年）、市内線の2000形（1960年）いずれもこの方式でした。宮島線に入った元京阪、元阪急の電車も、メーカはいろいろですが基本的に自動進段制御でした。

A9　チョッパ制御：電車の制御への半導体素子の進出

1980年に広電に導入された「軽快電車」3500形は、制御装置についても広電に革命的な技術をもたらしました。「チョッパ制御」といわれる、基本的には電気抵抗器を用いない制御方式です。

半導体（シリコン）を用いたサイリスタという電子スイッチ素子が実用化され、1秒間に数100回という高速スイッチングが可能となりました。これを用いたスイッチ装置をチョッパと呼びます。これの大容量化が進み、電車のモータに加える電流の高速オン・オフが可能になったのです。世界最初の本格的なチョッパ制御の電車は、1968年に東京の営団地下鉄千代田線に導入された6000系で、チョッパには耐電圧1300ボルト、最大電流400アンペアのサイリスタが使われ、加速のほか、モータを発電機として架線に電力を返してブレーキをかける「回生ブレーキ」も効果的に作用するものでした。

チョッパ装置は直流をオン・オフしてパルスとし、その幅を変化することで電力を連続的に変化します。オンの時にはチョッパにかかる電圧はゼロ、オフの時には電流がゼロですので電気抵抗のような電力損失はなく、消費電力も発熱も少ない電車ができます（図A-30）。

チョッパ制御による電車の加速と回生ブレーキの動作はわりあいわかりやすいものです（図A-31）。

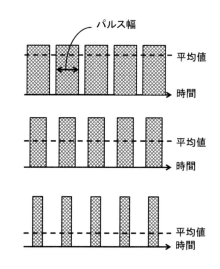

半導体による高速スイッチを用いる

図A-30　パルス幅変調(PWM)による電力制御

半導体スイッチによるチョッパのオン・オフは便宜上機械スイッチの記号で表しましょう。この装置ではその他に、鉄芯に電線を巻いたコイルと半導体のダイオードを使います。ダイオードは図の記号を矢印に見立てた向きの電流は流し、逆の電流は流しません。コイルは電圧が加わるとこれに逆らって電力をため込み、電圧が切れるとため込んだ電力を放出する作用があります。

加速する接続では、チョッパがオンのときには架線からモータに電流が流れますが、一部の電力はコイルに蓄え

られます。次の瞬間チョッパがオフになるとコイルが電力を放出し、ダイオードを通してモータに電流が流れます。したがってモータの電流はパルス状のオン。オフではなく直流に近い形に平滑化され、モータに親切になります。

　回生制動をかけるときにはチョッパとダイオードをつなぎ替えます。モータが発電する電圧は概ね架線の電圧より低いので、ダイオードのために架線には電流が出ませんが、チョッパがオンの時はコイルに一部の電力が蓄えられます。次の瞬間チョッパがオフになるとモータの電圧とコ

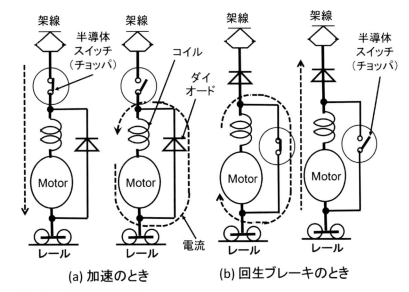

図A-31　自動進段総括制御

(a) 加速のとき　　(b) 回生ブレーキのとき

イルの電圧が加算されますが、これが架線の電圧より少し高くなるようにチョッパのオン・オフのタイミングを調整すると架線に電流が放出され、回生ブレーキがかかります。

　チョッパ制御は抵抗制御に比べ高価でしたが、消費電力が少ないので、1973年暮れに勃発して石油ショックによる電力価格の高騰に対処する電力節約に効果的だったと聞きます。また発熱が少ないので地下鉄のトンネル内の温度上昇が少なく、トンネル内でも冷房装置の使用が可能になり、大きな利点を発揮しました。欧州では路面電車に積極的に採用され、古い電車の制御装置の換装も行われています。

　「軽快電車」プロジェクトがこれを採用したのは時宜にかなったことでした。広電は市内線の800形(1983年)に本格採用します。

A10　インバータ制御：電車の制御へのマイクロコンピュータの進出

　1980年代初頭、電車と電気機関車の技術に革命がおこりました。スプレイグ以来の技術が過去のものになってしまったのです。

　これまで電車や電気機関車には直流直巻モータが使われてきました。このモータは負荷が重くなって回転速度が落ちると回転力(トルク)が増えるという電気車にうってつけの特性を持っています。しかし、直流ではモータ内の磁界は変化しませんので、界磁と電機子の間にブラシと整流子を挿入して、電機子の回転に対応して電機子の磁化の方向をくるくる変化させる仕組みが必要でした。ブラシと整流子はスペースを取り、また摩耗粉の清掃が大変な

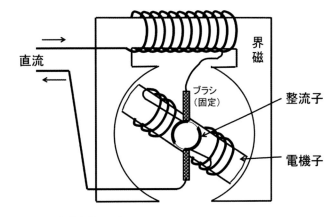

図A-32　直流直巻モータ

作業になるなど、直流モータの弱点となっていました(図A-32)。

　一方、交流モータにはこうした弱点がありません。

　交流というのが＋と－がくるくる変わる電気というのは常識と思います。広島の電力会社が売っている電力では1秒間に60回変化します。この数値を周波数(単位はヘルツ)と呼び、また1回の変化の時間(単位は秒)を周期といいます。広島の電力は周波数60ヘルツ、周期1/60秒となります。

　電力会社から大口のユーザまでは、3本の電線を使って、変化のタイミング(位相)が周期の 1/3ずつずれた3種の

交流を送ります（それぞれU相、V相、W相と呼びます）。これがいろいろ使いやすい特徴を持っているのです。近くの送電鉄塔を見上げてみてください。送電線は3本1組になっています（図A-33）。

ここで、界磁を3つもつモータのそれぞれの界磁のコイルに三相交流を加えてみます（図A-34）。

時間の経過とともにU相、V相、W相のピークが交代し、1周期で元に戻ります。このため界磁の作る磁界はくるくる回転します。これを回転磁界と呼びます。

この中に銅製のかご型導体と鉄芯を組み合わせた「かご型電機子」を挿入します（図A-35）。

かご型導体には界磁と向かい合うとトランスの原理で誘導電流が流れ、電磁石になりますので、界磁の形成する回転磁界に応じてくるくる回ります。ブラシも整流子も不要のシンプルな構造のモータになるので、世の中では広く使われています。

一般の電車や電気機関車にもこれを使いたいのですが、実は不可能でした。モータの回転速度が供給される交流電力の周波数によって決められる一定値になるので、停止から最高速度まで回転速度を千変万化させなければならない電車などには使えないのです。

しかし発想を変えて、電圧、周波数いずれも自由に変化できる電源を電車の中で用意できれば、回転数も回転力も自由に変えられます。

チョッパ制御で用いたパルスによる電力制御を拡張すると、半導体スイッチを使って任意の周波数の電気を作ることができます。このような直流から交流を生成する装置をインバータと呼びます（図A-36）

インバータの生成する交流の周波数が電車のモータの回転数にぴったり合っていると、電車は加速も減速もしません。

このとき、周波数を少し高くすると回転磁界が速く回り、モータの電機子を引っ張るので電車は加速します。この周波数のずれを「すべり」と呼びます。

逆に周波数を少し低くして負の「すべり」を与えると、電機子は逆に引っ張られるのでモータが発電機となり、回生ブレーキがかかります。電圧の調整を加えるとさらに的確に制御ができます。こうした制御をVVVF（Variable Voltage and Variable Frequency）インバータ

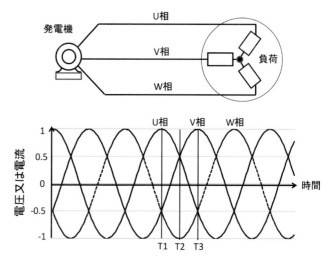

図A-33　三相交流

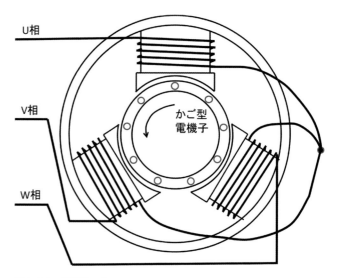

図A-34　誘導モータ

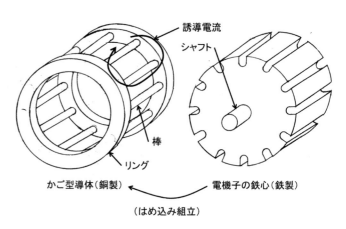

図A-35　誘導モータのかご型電機子

制御と呼びます（ただしVVVFという略号は
わが国独特のようですが）。

　しかし、すべりが大き過ぎるとモータはつ
いていけなくなります（失調と呼びます）の
で、電圧を調節しながら周波数を的確にずら
すには、その時の電車の速度、乗客の数など
をもとにした的確な制御が必要です。このた
め、マイクロコンピュータで信号処理を行う
適応制御が必須となります。チョッパ制御で
半導体が電車に入り、インバータ制御でマイ
コンが電車に入ったわけです（図A-37）。

　21世紀になってからは世界的に電車、電気
機関車、ディーゼル電気機関車への交流モー
タとインバータ制御の組み合わせの適用が進
んでおり、例えば東京の京王電車では全車が
この組み合わせとなってすでに10年を経過し
ました。広電では3800形（1987年）から交流
モータとVVVFインバータの組み合わせを導
入し、その後の新車は超低床車に至るまです
べてこのシステムを使っています。市内線で
はチョッパ制御だった800形の交流モータと
VVVFインバータ制御への改装が進んでいま
す。

A11　信用乗車制度は導入できないか

　広電を含むわが国の路面電車では乗客の
入口と出口を区別し、乗客は入口から乗車し
て走行中に車内を出口まで歩き、下車時に出
口で乗務員のチェックを受けるという方式を

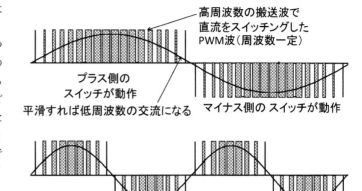

図A-36　インバータによる交流の生成（2レベル形）

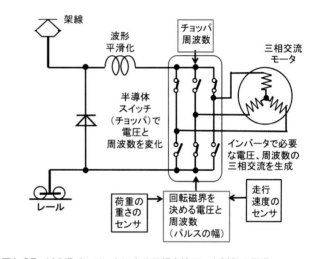

図A-37　VVVFインバータによる三相交流モータ制御の原理

とっています。このため歩行障害のある乗客や車椅子の乗客には不便となっていました。

　欧米では「信用乗車方式」（チケットキャンセラ方式）が広く採用されています。人手不足をかこっていた東欧か
ら始まり、スイスを経て全欧州、そして米国に波及したこの方式は、電車の運行と現金収受とを完全に切り離すの
が目的で、乗務員は販売も現金収受もしません。

　乗客はICカードを所持するか、または乗車
前に地上で自動販売機、売店などで乗車券を
購入します。電車に乗ってすぐに車内の登録
機械を使って自分で日時をスタンプして有効
化すると、そのあと例えば1時間の間乗車、乗
り換え自由となります。乗務員は何のチェッ
クもしませんので乗客の乗り降りは乗務員と
は無関係に自由になります。このため停留所
での乗降が極めてスムーズになり、ドアの数
も増やせるので停車時間が短くなります。

　一方、そのままではタダ乗り自由になって
しまいますので、ときどき車内検札があり、
日時のスタンプがない、というように有効な
乗車券を持っていないと高額（例えば正規運

写真A-9　乗車券印字機（ドレスデン市電）

賃の数10倍）の罰金を取られます。検札の頻度や場所は罰金の徴収額の予測値と検札要員の人件費との兼ね合いで経験的に決めているようです（写真A-9）。

　この方式は全線均一料金でなくとも使われています。筆者が1994年に最初に体験したデン・ハーグ（オランダ）の市電の例では、市内及び郊外が割合細かくゾーンに分割され、乗客は電車、バス共通の回数乗車券（15枚券又は45枚券）をあらかじめ購入し、1ゾーン内なら2枚、複数ゾーンにまたがって乗車するときにはゾーン数＋1枚を使いました。時間記録をすませると、例えば3ゾーン以内ならその後1時間有効となります。最も長い運転系統はスケフェニンゲンの海岸からハーグの中心街を縦断し、鉄道駅を経て郊外の緑豊かな運河のほとりをたどり、隣町のデルフト駅前まで所要時間40分ほどかかり、いくつかのゾーンを通過しました。

　信用乗車方式がうまくいかなかった例を見ると、地上の乗車券販売機の信頼性が低く、故障がちだったケースが多いようです。自動販売機大国のわが国ではこの点は大丈夫のように思われます。

　以前に、なぜ日本で信用乗車方式ができないのか電鉄関係者に尋ねたところ、不正乗車の罰金は3倍とお役所が決めてしまっているためといわれました。それが本当ならそんな規定は即刻改正して民間の判断に任せるべきですね。

　一方、わが国では今は紙の乗車券が少数派になり、広電ではもう使っていません。これにかわる制度として、広電では3車体の超低床車1000形で、乗車、降車時にICカードを車内のカードリーダにタッチするとどのドアでも乗降できるという実験を開始しました。降りて60分以内に再度乗車してタッチすると、逆戻りしなければ前の支払いが適用されるというサービスも入っています。Suica（JR東日本）、ICOCA（JR西日本）など他地区の交通系カードも使えます。

　我が国では交通系ICカードはすでに広く浸透し、相互利用のネットワークも広がっています。車内検札が完全に不要かどうかわかりませんが、この実験は信用乗車方式に代わる興味深い制度の実験で、成果を見守りたいと思います（図A-38）。

　この方式で問題になるのは外国からの旅行者への対処でしょうね。外国人は日本の交通系ICカードを持っていません。VISAカードなど国際的なクレジットカードが使えれば解決するのですが、次善の策として英国ロンドンの市内交通カード「オイスターカード」のように、多くの国語に対応し、クレジットカードで購入やチャージのできるカード自動販売機の設置が考えられます。

図A-38　広電のICカード乗降実験

参考文献
単行本
(1) 広島電鉄：「広島の路面（チンチン）電車65年」、毎日写真ニュースサービス（東京、1977）。
(2) 手塚一之：「鉄道車両/台車のメカ」、大河出版（東京、1984）
(3) 飯島巌、青野邦明、荒川好夫：私鉄の車輌3「広島電鉄」、保育社（東京、1985）。
(4) 広島電鉄：「広島電鉄開業80 創立50年史」、広島電鉄（1992）。
(5) 日本路面電車同好会中国支部（協力）：「保存版 広島のチンチン電車」、郷土出版社（名古屋、1998）。
(6) 吉川文夫：「路面電車の技術と歩み」、グランプリ出版（東京、2003）。
(7) 服部重敬：「路面電車新時代 LRTへの軌跡」、山海堂（東京、2006）p.250－271。
(8) 川西宏祐：「路面電車を守った労働組合」、平原社（東京、2009）。
(9) 史絵、梅原淳：「進化する路面電車」、交通新聞社新書 018（東京、2010）
(10) 加藤一孝：「もう一つの語り部 被爆電車物語」、南々社（広島、2015）。
(11) 路面電車を考える会：「広電と広島」、交通新聞社新書 125（東京、2018）。
(12) 大賀寿郎：「路面電車発展史 － 世界を制覇したPCCカーとタトラカー － 」、戎光祥出版（東京、2016）。

雑誌など
(21) 横田勝：「廣島から宮島へ」、鉄道模型趣味、64号（1953年12月）、p.476－480。
(22) 越智昭：「宮島電車・1」「宮島電車・2」、鉄道ファン、36（1964年6月）p.44-47、37（1964年7月）p.55-62。
(23) 帝都高速度交通営団：「千代田線の新しい標準電車」、新車説明資料（1968）
(24) 吉川文夫：「大阪・神戸・阪急を集めて賑う広島電鉄」、鉄道ファン、149（1973年9月）p.63-65。
(25) 吉川文夫：「カラフルな広島のでんしゃ」、鉄道ファン、149（1973年9月）p.63-65。
(26) 小山征：「さわやかにデニュー 広島・長崎に軽快電車」、鉄道ファン、234（1980年10月）p.45-52＋グラフページ。
(27) 広島電鉄：「広島電鉄5000形」、鉄道ファン、460（1999年8月）、p。69-73
(28) 鉄道ピクトリアル「軽量化と軽快電車特集」、385（1981年1月）。
(28) 島田雅登：「広島電鉄70形について」、鉄道ピクトリアル、413（1983年2月）p.54-58＋グラフページ。
(29) 「広島電鉄3800形VVVF車」、鉄道ジャーナル、250（1987年8月）p. 117。
(30) 鉄道ピクトリアル 「＜特集＞広島電鉄」、535（1990年11月）。
(31) 林一成：「広島新交通「アストラムライン」の概要」、鉄道ピクトリアル、587（1994年2月）p. 55-59。
(32) 鉄道ピクトリアル 「＜特集＞路面電車」、593（1994年7月）。
(33) 田辺栄司：「広島電鉄宮島線直通電車運転史」前編、後編、鉄道ピクトリアル、595（1994年9月）p.66-71、596（同10月）p.97－103。
(34) 平田信男：「広島新交通 60系」鉄道ピクトリアル612「新車年鑑1995版」（1995年10月増刊）p.135-136。
(35) 藤元秀樹：「広島電鉄5000形 GREEN MOVER」、鉄道ピクトリアル、674（1999年9月）、p. 106-109。
(36) 杉本春彦：「コンビーノの空輸 広島行直行チャーター貨物便アントノフ124に添乗して」、鉄道ピクトリアル、674（1999年9月）、p. 110-113。
(37) 藤元秀樹：「日本のライトレールの先駆者たち」、電気学会誌、121, 8（2001年8月）「特集 ライトレール（LRT）は都市を再生させるか」、p. 543－546.
(38) 三田博昭：「広島電鉄5100形」、鉄道ピクトリアル、767「鉄道車両年鑑 2005年版」（2005年10月増刊）p. 179-181。
(39) 加藤一孝：「広島電鉄」、鉄道ピクトリアル、852（2011年8月）、p.228－237。
(40) 柚原誠：「セルフ乗車がヨーロッパに普及してから半世紀」、鉄道ピクトリアル、978（2020年10月）、p.124-132。

軌道線(市内線)車両

形式	車号	前歴	車体	構造	車体メーカ	台車	主電動機	
A	1-50	（A車）	木造	2軸単車	天野工場	ブリル21E	15 KW×2	
101(再現)	101 (3代目)		半鋼	2軸単車	大阪車輔	S-12	26 KW×2	
B	101-110	（B車）南海	木造	2軸単車	梅鉢鉄工所、日本車輌、天野工場	ブリル21E	15 KW×2	
B	111-130	（B車）大阪市電	木造	2軸単車		ブリル21E	15 KW×2	
E	151-160	（E車）	半鋼	2軸単車	梅鉢鉄工所	日車製	26 KW×2	
G	201-210	（G車）	半鋼	2軸単車	日本車輌	日車製	20 KW×2	
100	101-139	旧A	木造	2軸単車		日車製	15 KW×2	
150	151-160	旧E	半鋼	2軸単車		日車製	26 KW×2	
200（初代）	201-210	旧G	半鋼	2軸単車		日車製	20 KW×2	
200（2代目）	238	ハノーバー市電	半鋼	2軸単車	デュヴァグ	デュヴァグ	46 KW×2	
300	301-305	大阪市電	木造	ボギー車	天野工場	ブリルJE	26 KW×2	
350	351-353	850	全鋼	ボギー車	ナニワ工機	NS-11	50 KW×2	
400	401-430	B（鋼体化）	半鋼	2軸単車	自社工場	ブリル21E	15 KW×2	
450	451-461	A（鋼体化）	半鋼	2軸単車	自社工場	ブリル	15 KW×2	
500（初代）	501-510	京王電鉄	木造	ボギー車	枝光、雨宮ほか	ブリル76E-1	38 KW×2	
500（2代）	501-505		半鋼	ボギー車	ナニワ工機	KS-7	38 KW×2	
550	551		全鋼	ボギー車	ナニワ工機	FS-69→ブリル	30 kW×4→38 KW×2	
550	552-555		全鋼	ボギー車	ナニワ工機	FS-68	38 KW×2	
570	571-587	神戸市電	半鋼	ボギー車	大阪車輔	ブリル77E	45 KW×2	
600（初代）	601-603		半鋼	ボギー車	加藤車両	ブリル	38 KW×2	
600（2代目）	601-603	西鉄	譲渡時全鋼化	ボギー車	汽車製造	K-10（後に変更）	45 KW×2	
650	651-655		半鋼	ボギー車	木南車輛	ブリル	38 KW×2	
700（初代）	701-710	500（鋼体化）	半鋼	ボギー車	日立笠戸	ブリル76E-1	38 KW×2	
700（2代目）	701-707		全金属	ボギー車	アルナ工機	NK201（シェブロンゴム）	52 KW×2	
同上	711-714		全金属	ボギー車	アルナ工機	FS-85	52 KW×2	
750	751-760	大阪市電	半鋼	ボギー車	藤長田ほか	日立CF-65	52 KW×2	
同上	761-772	大阪市電	半鋼	ボギー車	富士車両ほか	同上	45 kW×2	
800（初代）	801-810		半鋼	ボギー車	ナニワ工機	ブリル77E（国産）	38 KW×2	
800（2代目）	801-814		全金属	ボギー車	アルナ工機	FS-83	60 kW×2	
850	851-853		全鋼	ボギー車	ナニワ工機	NS-11	50 KW×2	
900	901、903-914	大阪市電	全鋼	ボギー車	大阪車輔	ブリル77E	38 KW×2	
1100	1101-1105	神戸市電	全鋼	ボギー車	神戸市、川崎車両	FS62、H2105	38 KW×2	
1150	1151-1157	神戸市電	全鋼	ボギー車	ナニワ工機、川崎車両	L形,ブリル77E	45 KW×2	
1900	1901-1915	京都市電	全鋼	ボギー車	ナニワ工機	FS-65		

駆動方式	常用制動機	制御器	製造初年	導入年	備考
吊掛	手用・電気	直接	1912		
吊掛	空気・電気	直接	1984		観光用の復元電車、下回りは旧157
吊掛	手用・電気	直接	1910	1921	
吊掛	手用・電気	直接	1906	1927	
吊掛	手用・電気	直接	1925		最初の半鋼鉄製電車
吊掛	手用・電気	直接	1930		
吊掛	手用・電気	直接	(1930)		
吊掛	手用・電気	直接	(1925)	1952	車体更新
吊掛	手用・電気	直接	(1930)		1940頃ビューゲル、パンタグラフ試用
吊掛	空気・電気	直接 (キーペ)	1928 /1950	1989	戦災で破損。1950年車体新造復活 姉妹都市5周年記念寄贈。空気ブレーキ追加
吊掛	空気・電気	直接	1912	1938	マキシマム台車
吊掛	空気・電気	間接非自動	(1958)		当初は直通認可
吊掛	空気・電気	直接	1926	1939	好スタイルで評判
吊掛	空気・電気	直接	1930	1939	好スタイルで評判
吊掛	空気・電気	直接	1920	1938	京王電鉄の代表車だった
吊掛	空気・電気	直接	1953		戦後の新車、市内線最初の自動扉
中空軸 平行カルダン →吊掛	空気・電気	間接非自動 →直接	1955		当初「広電のPCC」直通認可 パンタグラフ装備
吊掛	空気・電気	直接	1955		パンタグラフ装備
吊掛	空気・電気	直接	1959 更新	1971	578号はサンフランシスコへ譲渡
吊掛	空気・電気	直接	1942		最初の新造ボギー車
吊掛	空気・電気	直接	1948	1977	台車を大阪市電のものに交換
吊掛	空気・電気	直接	1942		「被爆電車」、655は火災復旧で変形
吊掛	空気・電気	直接	(1920)	1948	戦後最初の新車
吊掛	空気・電気	間接自動 (705〜7は 永久並列)	1982		廃車750のモータ流用
中実軸 (TD) 平行カルダン	空気・電気		1985		モータTDK新品
吊掛	空気・電気	直接	1928	1965	
吊掛	空気・電気	直接	1940, 1950	1965	769号は串間市へ、772号はミャンマーへ譲渡 768号はイベント電車に改装
吊掛	空気・電気	直接	1951		戦後最初の新造車、最初の低床車。 早期廃車
WN平行	回生・空気	電機子 チョッパ (当初)	1983		弾性車輪、電機品三菱 VVVFインバータ制御、交流モータに改装中
吊掛	空気	間接	1958		当初は直通認可、350に改番
吊掛	空気・電気	直接	1957	1969	902号は火災廃車 906号は韓国へ、907号はタイへ譲渡
吊掛	空気・電気	直接	1954	1971	
吊掛	空気・電気	直接	1955	1971	神戸時代に直角カルダン、 間接自動制御から改造
吊掛	空気・電気	直接	1957	1977	

鉄道線(宮島線) 車両

形式	車号	前歴	車体	構造	車体メーカ	台車	主電動機
1000	1000、1001	旧C	木造	ボギー車	梅鉢鉄工所	ブリル形(国産)	38 KW×2
1010	1010-1017	旧D	木造	ボギー車	梅鉢鉄工所	ブリル76E-1(国産)	38 KW×2
1020	1020-1024	旧F	木造	ボギー車	梅鉢鉄工所	日車NSKA2	38 KW×2
1030	1030-1034	旧H	半鋼	ボギー車	川崎車両	ブリルMCB	53 KW×2
1040	1041、1042	C2D8(火災)を鋼体化	半鋼	ボギー車→連接車	自社工場	ブリルNSK	38 KW×4
1050	1051-1054	京阪電鉄	木造→全金属	ボギー車	ナニワ工機	ブリル27E-1	38 KW×4
1060	1061		全金属	ボギー車	ナニワ工機	ND102	56 KW×4
1070	1071-1078	阪急電鉄	全鋼	連結車	川崎車両	ブリル27MCB	48 KW×6 (2両)
1080	1081、1082	阪急電鉄	全鋼	連結車	ナニワ工機	M-12	56 KW×8 (2両)
1090	1091-1094	1050	全金属	連結車	ナニワ工機	ボールドウィン78-25AA	90 KW×2

鉄軌道直通車両

形式	車号	前歴	車体	構造	車体メーカ	台車	主電動機
70	76、77ACB	ドルトムント市電	全鋼	3車体連接車	デュヴァグ	デュヴァグ	65 kW×2
1300	1305、1306 AB	西鉄	全鋼	連接車	汽車製造	KS-117	45 kW×4
2000	2001		全鋼	ボギー車	ナニワ工機	NS504	30 KW×4
2000	2002-2009		全鋼	ボギー車連結	ナニワ工機	NS508B	30 KW×4
2500	2501-2510		全鋼	2車体連接車	ナニワ工機 自社	SIG(スイス)方式	40 KW×4
2500	2511-2514	大阪市電	半鋼	2車体連接車	藤永田製作所	KS46L	40 KW×4
3000	3001-3008 ACB	1300、西鉄	全鋼	2車体連接車→3車体化	日立製作所、汽車製造所	KL-3、KS-117	62 KW×4
3100	3101-3103 ACB		全鋼	3車体連接車	ナニワ工機、自社工場	NS508B	40 KW×6
3500	3501ACB		全金属	3車体連接車	川崎重工、アルナ工機	FS-81 (空気ばね)	120 KW両軸×2
3700	3701-3705 ACB		全金属	3車体連接車	アルナ工機	FS-84	60 KW×4
3800	3801-3809 ACB		全金属	3車体連接車	アルナ工機	FS-87	60 KW×4 交流
3900	3901-3908 ACB		全金属	3車体連接車	アルナ工機	FS-87A	85 KW×4 交流
3950	3951-3956 ACB		全金属	3車体連接車	アルナ工機	FS-87A	85 KW×4 交流
5000	5001-5012 ACEDB	(ドイツ製)	全金属(アルミ)	5車体連接車 超低床	ジーメンス	(車体直接)	100 kW×4 交流
5100	5101-5110 ACEDB		全金属(鋼鉄)	5車体連接車 超低床	近畿車両	(車体直接)	100 kW×4 交流
1000 (2代目)	1001-1016 ACB		全金属	3車体連接車 超低床	近畿車両	(車体直接)	100 kW×4 交流
5200	5201、5202 ACEDB		全金属	5車体連接車 超低床	近畿車両	(車体直接)	100 kW×4 交流

駆動方式	常用制動機	制御器	製造初年	導入年	備考
C2D8	空気・手用	直接	1922		1000→1002
（火災）	空気・手用	直接	1923		1010→1018 内4両1957間接総括制御、連結車化
を鋼体化	空気・手用	直接	1925		1020→1025
吊掛	空気・手用	間接総括	1930		1030→1035。1955年車体延長
吊掛	空気・電気	間接総括	(1922)	1939	1952年にドア幅縮小など改造 1957年2車体連接車に改造
吊掛	空気・手用	間接総括	1923	1947	元京阪100、200　1953車体新造→1090形
中空軸 平行カルダン	電気常用空気	間接多段総括	1957		最後の新製鉄道線用高床車 モータTDK
吊掛	空気・手用	間接総括	1938	1967	元阪急500
吊掛	空気・手用	間接総括	1956	1977	元阪急210
吊掛	空気・手用	間接総括	(1923)	1953	1982年下回りなど更新

駆動方式	常用制動機	制御器	製造初年	導入年	備考
吊掛	電気常用空気	直接多段	1959	1981	弾性車輪 76号はトランヴェール改造
吊掛	空気・電気	間接総括	1963	1976	3車体3007、3008に改造
吊掛	電気常用空気	間接総括	1960		1983年から事業用
吊掛	電気常用空気	間接総括	1962	1974	連結車化
吊掛	電気常用空気	間接総括	1961	1967	連接車だが車体ごとに別番号
吊掛	空気・手用	間接総括	1928	1961	導入時ボギー車2両を1組の連接車化
吊掛	空気・手用	間接自動	(1963)	1976	1979年より3車体化、ACB番号化 3005号、3006号はミャンマーへ譲渡
吊掛	空気・手用	間接自動	(1961)	1986	3車体化、「ぐりーんらいなー」
直角カルダン 1台車1モータ	HRD-1R 回生、空気	電機子 チョッパ	1980		「軽快電車」、初代「ぐりーんらいなー」
中実軸（TD） 平行カルダン	電気・空気	間接自動 多段	1984		「ぐりーんらいなー」 ヒット作。乗客減少低減
中実軸（TD） 平行カルダン	回生・空気	VVVF インバータ (GTO)	1987		「ぐりーんらいなー」、弾性車輪
中実軸（TD） 平行カルダン	回生・空気	VVVF インバータ （当初GTO）	1990		「ぐりーんらいなー」 IGBT素子に更改中
中実軸（TD） 平行カルダン	回生・空気	VVVF インバータ (GTO)	1997		「グリーンライナー」
外側 直角カルダン	回生優先発電 電磁吸着 油圧ディスク	VVVF インバータ (IGBT)	1999		「グリーンムーバー」、ジーメンス「コンビーノ」 5001はドイツから空輸
外側 直角カルダン	回生優先発電 電磁吸着 油圧ディスク	VVVF インバータ (IGBT)	2004		国産。近畿、三菱重工、東洋電機、広島電鉄が共同開発。ローレル賞(2006) 「グリーンムーバーマックス」
外側 直角カルダン	回生優先発電 電磁吸着 油圧ディスク	VVVF インバータ (IGBT)	2013		1001「ピッコロ」、1002「ピッコラ」 1003〜「グリーンムーバーレックス」
外側 直角カルダン	回生優先発電 電磁吸着 油圧ディスク	VVVF インバータ (IGBT)	2019		「グリーンムーバーエイペックス」

安田就視氏の写真

　この本をまとめた動機の一つは、先人の撮った広電の優れた写真記録があることでした。このうち江本廣一氏の写真は本文で多数お見せしました。氏は国家公務員の職業柄全国に出張し、仕事の合間に多くの電車や客車を撮影していますが、いずれもアマチュア鉄道愛好家らしいオーソドックスな車両の記録になっています。

　もう一人、安田就視氏の写真も魅力的でした。氏は職業写真家で、鉄道以外の題材も多数撮影し、出版しています。広電も車両を俳優とした舞台写真のような視点で撮影しており、また大判カメラによるカラー撮影なので別の魅力があります。

　ここで、安田氏の写真を広電の地域、線区別にご紹介いたします。撮影時期は1980年前後に集中しています。

宮島線直通の2000形2両編成が出発します。連接車よ
り前にはこれが直通列車のスター。懐かしく思う方も
多いのではないでしょうか。広島駅前　1990年8月

今は直通電車はすべて広電ならではの長大な連接車。
3車体連接車3800形が出発します。
広島駅前　1990年8月

元神戸市電の570形は重厚な大型電車。まだ車の少ない
メインストリート相生通りで存在感を発揮していました。
稲荷町～銀山町　1984年3月

宮島線直通の2000形2両編成。大勢乗っています。原爆ドーム前　1984年3月

元京都市電の1900形「銀閣」。本川町電停の近くの歩道橋は絶好の撮影場所です。本川町　1984年3月

歩道橋から西を望むと山並みが一望。本川町　1984年3月

2001年に段原一丁目と改名された停留所。やって来るのは
元京都市電1900形。的場町〜段原大畑町　1991年3月

的場町で分岐する比治山＝ひじやま線（皆実＝みなみ線）は広島駅から広島港へ直通する路線。通勤客には重要な路線です。この電車は「被爆電車」650形。的場町　1991年8月

盛り場の紙屋町から広島港に至る宇品線は沿線に広電本社車庫もあり、興味深い線区です。元京都市電1900形は1977年に広島にやってきました。1979年4月

広電本社前の停留所に隣接する大きな車庫。なつかしい電車が見えますが、今は新しい連接車が多数所属しています。
千田車庫　1979年4月

2003年に広島港（宇品）と改称された宇品線の終点。今は電車が立派な建屋の中に発着します。宇品　1984年3月

宇品終点の午後、夕方、夜景。見ごたえのある風景です。宇品　1998年11月

電車と船が同時に撮影できるのは広電ならでは。元神戸市電のスマートな1100形は、本来は緑色ですが、赤い色も似合いますね。宇品　1991年2月

白島線は5つの停留所の間を2本の列車が行き来するローカル線。本線を望む八丁堀から発車します。写真の900形は元大阪市電。八丁堀　1984年3月

「今日は白島線にはどの電車が入っているかな」と観察するのは広電ファンのたのしみ。この日は「被爆電車」650形が元気に走っていました。女学院前　1984年3月

白島終点は交通量の多い道路の中。白島　1991年8月

横川線は白島線のような支線ですが、電車は江波まで南下する系統のほか紙屋町から広電本社前まで行く系統もあります。元大阪市電の900形はこの線でポピュラーな電車でした。十日市町　1984年3月

にぎやかな路上時代の横川終点。現在はJR駅の隣りに乗り入れてさらに便利になっています。横川駅　1991年8月

江波線の風景は以前からあまり変わっていません。横川駅行の
ほか、本線を通って広島駅に至る系統も発車します。
江波　1991年8月

安芸の宮島を遠望する阿品付近。車両は広島市内から直通してきた3000
形3車体連接車。阿品（現・阿品東）〜田尻（現・広電阿品）　1981年12月

あとがき

　筆者は東京育ちの電車ファンですが、広島の街と広島電鉄は少年の頃から気になる存在でした。社会人になって仕事で広島大学などに出張する機会に広電を見て乗って写真を撮るのが楽しみでした。21世紀になって就任した広島のイベントサービスなどの会社「ミックス株式会社」の顧問の仕事などで、広電はますます身近になりました。

　一方、筆者は1970年代から電車の技術史に興味を持ち、外国の技術書を読むようになって、わが国の路面電車が世界の趨勢に完全に取り残されてガラパゴス化していること、多くのファンや関係者は国内にしか関心がなく、こうした遅れを実感していないことが気になっていました。1980年代からは外国出張が多くなり、欧米の路面電車やLRTを見聞して資料を集め、ますますその感を深くしていました。

　そうした問題意識をもって執筆した「路面電車発展史」（戎光祥出版、2016年）が鉄道友の会から「島秀雄記念優秀著作賞」を授けられたのは、我が意を得たりの感がありました。

　しかし、わが国のガラパゴス化の重要な例外として広電がありました。チャレンジ精神に富んだ経営と世界水準の車両の導入には独特の「文化」を感じることができました。

　今回の執筆の直接のきっかけは、故・江本廣一氏の数千コマの写真ネガを拝見する機会を得たことでした。江本氏は1950年から60年代にかけて全国の路面電車の車両を克明に記録しており、広電の車両の写真も豊富かつ良質でした。これに髙井薫平氏、矢崎康雄氏の写真、小生も参加している「かながわ鉄道資料保存会」（杉山耕治氏主幹）で保管中の故・吉村光夫氏、故・田口博氏の写真、そして筆者自身の撮影した写真などで、戦後の車両はほぼ網羅できたのです。それ以前の写真や図面は広島電鉄発行「廣島の路面電車65年」、国立公文書館所蔵品などからピックアップし、車両の記録としてはかなり完備できました。また、広島電鉄株式会社の方々には「路面電車発展史」執筆以来お世話になっており、今回も車両諸元表や現代の電車の情報についての手厚いご協力をいただきました。

　こうしたリソースをもとに、筆者は単なる歴史の記述ではなく、広電の持つ独特の「文化」を浮き彫りにして、できれば将来への提言もしてみたいと考えました。また、広電を題材とした電車の技術の解説もアネックスとして加えました。出来栄えに関しては読者の皆様のご評価に待ちたいと思います。

　執筆を一段落するにあたり、出版元であるフォト・パブリッシングの福原文彦様、適切なアドバイスをいただいている髙井薫平様、矢崎康雄様、ご援助いただく「かながわ鉄道資料保存会」杉山耕治様、広島電鉄株式会社電車営業本部の末松辰義様、東耕一様、株式会社ミックス秋信龍二様にあつくお礼を申し上げます。

2020年8月　大賀 寿郎

【著者プロフィール】

大賀 寿郎（おおが じゅろう）

1941年生。東京の代官山地区で育った頃から近隣の東横線、山手線、井の頭線などに親しみ、大学では鉄道研究会の創立メンバの一員となり。卒業後は最後の活躍をしていた蒸気機関車の写真や記事を友人と鉄道雑誌に投稿。鉄道ジャーナル誌のカメラマンルポライターコンテストで特選、入選など連続受賞。その後は電車技術の歴史の研究にのめり込んで現在に至る。前著「路面電車発展史」（戎光祥出版）が鉄道友の会より2017年島秀雄記念優秀著作賞を受賞。2019年同賞選考委員長。本職は電気通信と音響工学の研究実用化で電電公社電気通信研究所、富士通株式会社を経て芝浦工業大学教授。現在は同大学名誉教授、IEEE（米国電気電子学会）Fellowなど、工学博士。

【写真撮影】

秋信龍二、江本廣一、髙井薫平、田尻弘行、田口 博、野口昭雄、矢崎康雄、安田就視、吉村光夫、大賀寿郎
朝日新聞社

広島電鉄の文化と魅力

2020年10月7日　第1刷発行

著　者…………………大賀寿郎
発行人…………………高山和彦
発行所…………………株式会社フォト・パブリッシング
　　　　　　　　　　〒161-0032　東京都新宿区中落合2-12-26
　　　　　　　　　　TEL.03-6914-0121 FAX.03-5955-8101
発売元…………………株式会社メディアパル（共同出版者・流通責任者）
　　　　　　　　　　〒162-8710　東京都新宿区東五軒町6-24
　　　　　　　　　　TEL.03-5261-1171 FAX.03-3235-4645
デザイン・DTP………柏倉栄治（装丁・本文とも）
印刷所…………………株式会社シナノパブリッシング

ISBN978-4-8021-3196-4 C0026